Dr E. AUSSET

Cures Thermales
chez les Enfants

Tome I

STATIONS
DU CENTRE DE LA FRANCE
ET ENGHIEN (Seine-et-Oise)

1.

Châtel-Guyon-les-Bain:

Barthélemy & Palace-Hôtels

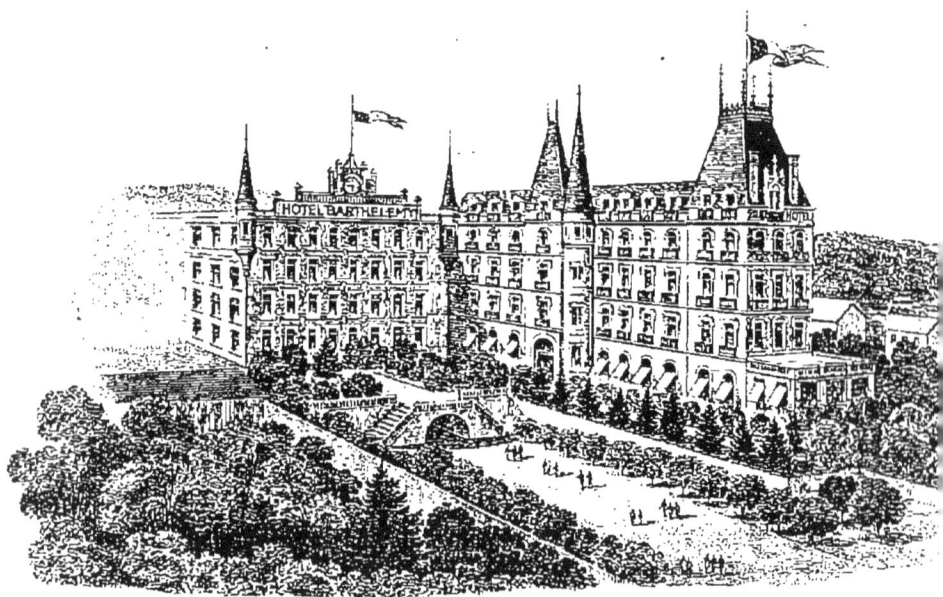

Situation dominante ; au bon air et à l'écart du bruit et de la *poussière du centre de la ville.*

———

Entourés d'un **grand parc ombragé** (2 hect. de superficie) très apprécié des familles avec enfants. Distractions variées : Tennis, Croquets, Balançoires, etc.

———

Fréquentés par la **clientèle sélect** de la station, qui a l'avantage bien appréciable d'y faire une cure d'air en même temps que la cure thermale.

NOTA. — Les malades atteints de maladies contagieuses ne sont pas admis.

CURES THERMALES
CHEZ LES ENFANTS

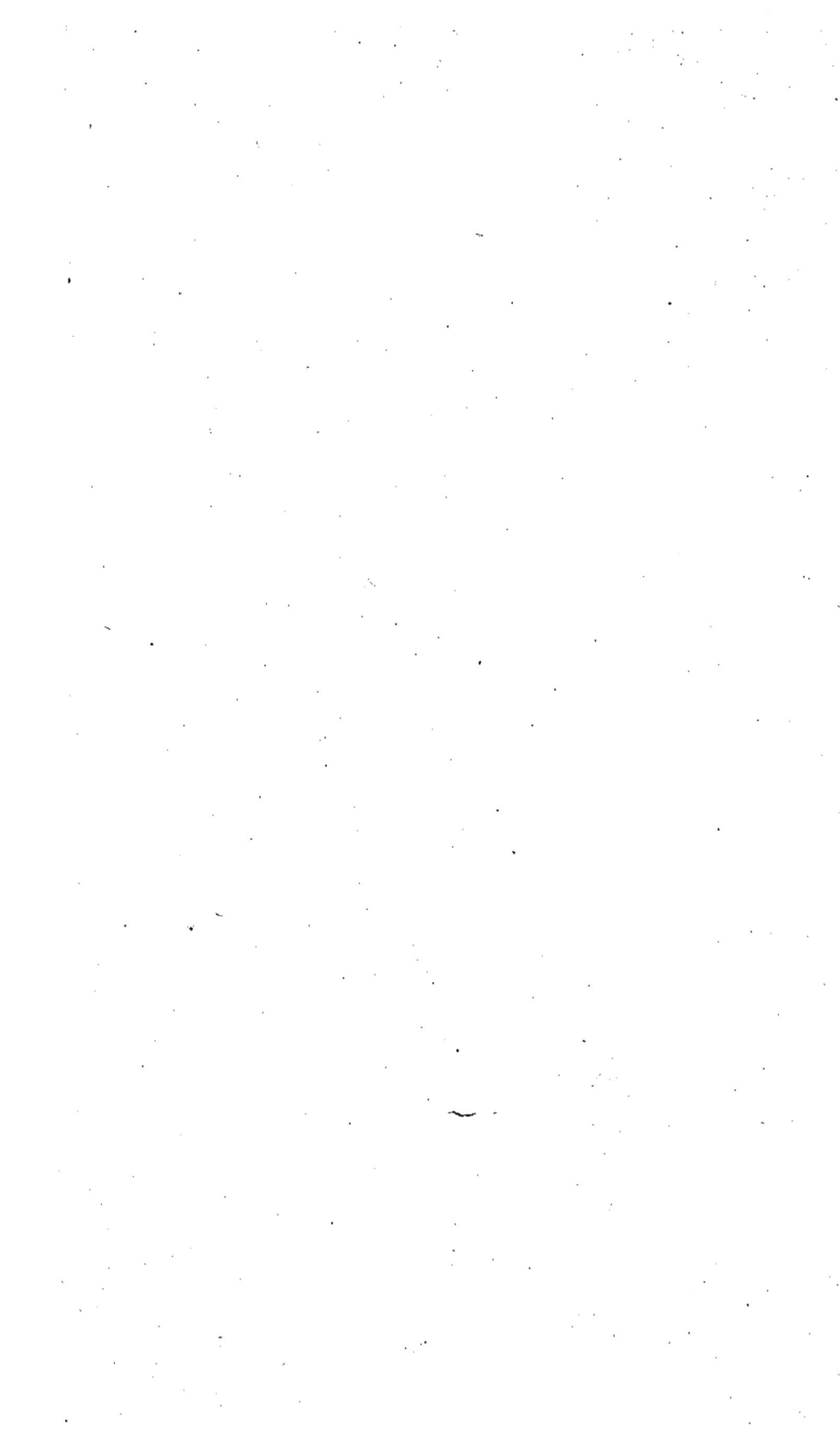

CURES THERMALES
CHEZ LES ENFANTS

STATIONS DU CENTRE DE LA FRANCE
ET ENGHIEN (Seine-et-Oise)

PAR LE

Dʳ E. AUSSET

Professeur agrégé, chargé de Conférences de Climatothérapie
et de Crénothérapie à la Faculté de Médecine de Lille

Avec 62 figures dans le texte

LILLE
PLATEAU & Cⁱᵉ, Imprimeurs-Éditeurs
25, Rue Nicolas-Leblanc
—
1913

AVANT-PROPOS

Il n'existe pas de preuves plus irréfutables de l'action thérapeutique des Eaux minérales que celles que nous fournit la pathologie infantile. Certes, chez l'adulte, c'est avec les cures thermales que l'on obtient les plus beaux résultats au cours des diverses maladies chroniques; mais incontestablement c'est chez l'enfant, sur ce terrain si propre à toutes les réactions, si apte à se laisser impressionner, que l'on voit s'effacer les tares les plus graves, les imprégnations morbides ou héréditaires les plus profondes.

Les exemples abondent et nous n'avons que l'embarras du choix.

Voyez cet enfant atteint de rhino-pharyngite chronique, dont le cavum et le nez sont toujours encombrés de muco-pus; sa muqueuse est profondément infectée et vous avez beau l'inonder d'antiseptiques, vous avez beau la cautériser et administrer tous les médicaments préconisés dans ces cas, vous ne réussissez qu'à nettoyer passagèrement les parties malades, pour les voir se réinfecter, d'une façon désespérément tenace, à la moindre occasion.

En revanche, envoyez ce petit malade dans une

station sulfureuse ou arsenicale, suivant les cas, et vous constaterez dès la première saison une amélioration considérable, une guérison complète, si l'affection n'était pas trop ancienne.

N'en est-il pas de même pour cet asthmatique contre lequel vous avez essayé et usé toutes vos ressources pharmaceutiques? Et ce petit constipé, cet enfant intoxiqué par son tube digestif et son foie déficient, pensez-vous que vous pourrez le guérir avec des médicaments? Seules des Eaux minérales appropriées et bien administrées sont susceptibles de lui faire recouvrer la santé.

Mais, chez l'enfant, l'emploi de la thérapeutique hydrominérale a encore plus d'importance que chez l'adulte, parce que nous possédons avec elle une arme prophylactique de tout premier ordre, un procédé de puériculture particulièrement efficace. Le triomphe des cures hydro-minérales et climatiques est précisément, et avant tout, dans les modifications profondes qu'elles impriment à tout l'organisme, dans les transformations qu'elles font subir aux hérédités et aux diathèses. Grâce à elles, nous pouvons transformer un terrain, par exemple chez ces enfants bacillisés, ou même imprégnés seulement des toxines ancestrales, chez ces petits asthmatiques, chez ces jeunes arthritiques, chez ces hypohépatiques, qui résistent énergiquement à toutes les médications ordinaires.

Les Stations thermales et climatiques devraient être peuplées de tous nos petits clients; c'est grâce à elles seules que nous pourrons modifier leurs tempéraments, leurs constitutions, les rendre plus résistants, et les arracher à leurs vices originels. Et c'est ainsi, comme l'a si bien dit l'éminent professeur LANDOUZY, que nous aurons plus tard « moins à compter avec tant d'affections de la gorge, des bronches, de la peau, des reins, du foie, de l'estomac; avec tant de dyscrasies, aboutissants des maladies transmises du père à l'enfant ». Aussi est-il vraiment déplorable de constater que, jusqu'à l'époque actuelle, l'enseignement de la thérapeutique hydrominérale et climatique était absolument négligé et mis de côté dans nos Facultés de Médecine.

A Toulouse même, le berceau de l'hydrologie, pourrait-on dire, où le savant professeur GARRIGOU ne cesse, en véritable apôtre, de prêcher la bonne croisade en faveur de nos Eaux minérales, à Toulouse l'enseignement n'est peut-être pas aussi clinique qu'il pourrait l'être.

Il ne faut pas oublier, en effet, que nous devons, avant tout, former des praticiens, des hommes destinés à soigner des malades, c'est-à-dire appelés à appliquer les médications *suivant des indications cliniques fournies par l'observation du malade lui-même*. En présence d'un enfant atteint d'entérite chronique, peu importera au médecin de savoir, dans tout son détail, la composition, l'origine et la distribution de telles ou telles Eaux. Ce qu'il lui faudra connaître, c'est l'Eau qui sera applicable au cas de son petit client, et cela il l'appréciera non pas d'après la composition de cette Eau, mais d'après son mode d'action, d'après les observations cliniques antérieures qui lui auront été relatées par des hommes ayant l'expérience du malade et la pratique de la thérapeutique.

C'est en raison de ces considérations qu'aussi bien dans mon enseignement à la Faculté que dans ce petit volume je me suis toujours attaché à ne parler que du malade, à avoir pour seul objectif la pratique courante, à me placer dans la situation du praticien qui doit décider le choix de telle ou telle Station thermale ou climatique.

Les indications thérapeutiques fournies par la Clinique ont toujours été mon seul guide. Je parle et j'écris pour des praticiens, et non pour des chimistes ou des hommes de laboratoire.

C'est pour les raisons que je disais plus haut, à savoir que l'enfant est celui qui bénéficie le plus des cures créno-climatiques, que dans mon enseignement j'ai cru devoir faire une très large part à la pathologie et à la thérapeutique infantiles. C'est également pour cela que dans ce petit volume et ceux qui suivront je me suis surtout occupé de l'application aux enfants de cette thérapeutique spéciale.

Peut-être avec les nombreuses observations faites durant ma pratique déjà longue aurais-je pu écrire ces pages, mais j'ai préféré compléter mon expérience de ce que j'ai vu; et c'est pour cela que, avec un certain nombre de mes élèves, j'ai désiré me joindre aux V. E. M. du professeur LANDOUZY et du docteur CARRON DE LA CARRIÈRE.

Nous y avons tous pris les plus utiles leçons de choses et, de mon côté, j'ai pu compléter mon instruction personnelle des mille détails que l'on ne peut bien connaître que lorsqu'on les a vus.

Il faut, en effet, voir et visiter les Stations pour sentir fondre et disparaître tous les préjugés archaïques qui sont encore monnaie courante en ce qui touche les Eaux minérales.

Ainsi, par exemple, on conçoit combien est ridicule cette coutume de vouloir toujours limiter à vingt et un jours la durée des traitements, alors que l'état du malade, et *surtout* son mode de réaction, sont seuls susceptibles de guider les décisions à prendre sur la durée que doit avoir une cure. Le plus souvent, il y aurait grand avantage à interrompre les traitements par quelques journées de repos ; dans d'autres circonstances, des états graves, invétérés, comme, pour ne citer qu'un exemple, les entérites chez les coloniaux, nécessite aient des traitements prolongés. D'autres fois il faudrait des *cures associées*, comme on sait si bien les manier à l'Étranger.

Tout cela ne s'apprend qu'en étudiant les faits sur place, en suivant les enseignements vécus qu'on trouve seulement dans les Stations elles-mêmes.

Et puis, quand on a vu ces Eaux bouillonnantes, chargées de gaz, et sels divers, possédant parfois des thermalités élevées, on conçoit aussi que rien ne peut les réaliser en chimie, et que c'est vraiment folie que de vouloir s'ingénier à faire des Eaux minérales artificielles.

On ne saurait trop mettre en garde les malades contre les industriels éhontés, dénués de tout scrupule, qui abusent de la crédulité publique, en prétendant fabriquer des Eaux minérales avec des poudres quelconques, qu'ils vantent, à grand renfort de réclame, comme permettant de préparer une Eau minérale et comme *pouvant remplacer avantageusement les sources naturelles*. Je dirai plus, il y a là un danger public, contre lequel les autorités administratives ont le devoir de réagir. Le Charlatanisme qui s'attaque à la Santé publique devrait être sévèrement réprimé.

Rien, en effet, ne peut remplacer les Eaux minérales, et il est impossible par des combinaisons chimiques quelconques de fabriquer quelque chose d'approchant.

Toutes ces convictions, toute cette expérience des détails ne s'acquiert qu'en visitant les Stations, et c'est pour cela que je n'ai voulu écrire aujourd'hui qu'un premier volume ayant trait aux Stations du Centre, et à celle d'*Enghien*, que j'ai visitées avec mes élèves.

Cette année, nous irons dans le Sud-Ouest, et nous continuerons ainsi tous les ans les tournées du V. E. M. Et, à chaque fois, je ferai paraître un volume concernant les applications des Stations visitées à la thérapeutique infantile. A la fin de 1913, paraîtra le volume sur les Stations du Sud-Ouest.

De même que je le fais cette fois pour *Enghien*, j'yj oindrai des Etudes sur *Saint-Amand*, *Bagnoles-de-l'Orne* et *Forges*, que je compte visiter à part, des difficultés matérielles empêchant les V. E. M. de s'y rendre 1).

Enfin, je terminerai par une étude sur les cures climatiques, et surtout sur les effets de la cure marine chez les enfants. Nous avons en France une gamme merveilleuse de climats marins que le praticien doit savoir judicieusement utiliser, car ils ont chacun leurs indications spéciales, suivant les cas. De merveilleux établissements, tels que celui de *Zuydcoole* (2), ont été édifiés sur nos côtes ; après avoir été tous les visiter, nous les présenterons à nos lecteurs.

Dr E. AUSSET.

---

(1) Les chapitres de ce volume concernant *Vichy* et *La Bourboule* ont été écrits de concert avec quelques-uns de mes élèves ayant suivi le V. E. M. Je ne saurais trop remercier ici MM. SIAUVE, CUISSET, TAVERNIER et OYEZ de leur précieuse collaboration.

(2) A Zuydcoote (Nord) existe le splendide Sanatorium marin de 1.200 lits, dû à l'initiative et au dévouement de M. G. VANCAUWENBERGHE, président du Conseil général du Nord.

C'est au même Philanthrope et à son œuvre que l'Université de Lille doit la création du nouvel enseignement de Climatothérapie et de Grénothérapie.

LA ROCHE-POSAY (Vienne)

La Roche-Posay est une ravissante petite ville située dans la Vienne, près de Châtellerault, c'est-à-dire à mi-chemin entre Paris et Bordeaux, tout près de la grande ligne, d'un accès, par conséquent, très facile.

Le climat y est d'une douceur particulière ; on

HOTEL DU PARC.

y trouve tous les agréments des riantes vallées de ce délicieux Poitou, où la température ne subit que très rarement des écarts importants, et est par suite très favorable pour les tempéraments nerveux et pour les jeunes enfants malades. Sur les bords de la Creuse et de la Gartempe, dans le calme reposant et sédatif de cette région si pittoresque et si gracieuse, les arthritiques excitables qui ne supporteraient pas un séjour dans l'altitude et encore moins à la mer trouveront un adjuvant des plus importants, qui viendra joindre son action particulièrement efficace à celle des Eaux de la Station pour amener la guérison des différentes dermatoses. Là trouveront un immédiat apaisement les affections cutanées qui s'accompagnent de démangeaisons, d'un prurit plus ou moins intense, ce symptôme parfois si douloureux qu'il commande de prime abord notre intervention thérapeutique et que c'est un soulagement à ce pénible état que les malades recherchent avant tout.

Dès le quatorzième siècle, les Eaux de *La Roche-Posay* jouissaient d'une très grande vogue, et les résultats qu'on obtenait étaient connus si avantageusement que l'Administration militaire du premier Empire se décida à créer une station de bains à l'usage des militaires blessés.

Pourquoi, de nos jours, cette remarquable petite station n'a-t-elle donc plus la renommée qu'elle possédait autrefois et qu'elle mérite toujours? C'est qu'en matière d'industrie thermale il faut compter avec le public et ses exigences sans cesse croissantes. La nouvelle Société des Eaux de la *Roche-Posay* a dû se mettre à même de procurer à ses malades tout le confort et toutes les facilités désirables. Actuellement, la transformation est opérée et les visiteurs sont assurés de trouver tous les soins que comporte leur état morbide.

Les Eaux de *La Roche-Posay* sont des eaux froides (12º), de saveur très agréable. Elles sont fournies par trois Sources : Saint-Savin, Saint-Cyprien, Duguesclin. La minéralisation y est extrêmement faible, représentée surtout par le carbonate de chaux, la silice et le sélénium. En revanche, la radioactivité en est très élevée (1,50).

PAVILLON DES SOURCES.

Quelle que soit la source examinée, ce qui frappe tout d'abord c'est l'onctuosité particulière de cette eau; elle laisse sur le doigt, sur la main, une mince pellicule grisâtre adhérente, et, chose curieuse, si on renverse un peu d'eau du verre sur la table ou sur l'assiette, on constate qu'au bout de quelques instants le verre est adhérent. Ce phénomène est dû à la précipitation de la silice contenue dans l'eau.

Cette silice a très certainement une action topique prédominante dans la cure des dermatoses soignées à *La Roche-Posay*. Au sortir des bains plus ou moins prolongés qu'on y donne, il se forme une sorte d'enduit siliceux de toute la surface cutanée, et ce pansement, ce vernissage contribue dans une large mesure à l'amélioration et à la guérison des malades.

Nous ne voulons pas insister ici sur l'action diurétique des Eaux de *La Roche-Posay*, sur leur grande digestibilité qui permet d'en boire une quantité assez élevée, sur leur influence rapide sur le rein, qui fait qu'au bout de très peu de temps les arthritiques émettent une urine claire, limpide, abondante, en même temps que l'appétit devient meilleur et que toute la nutrition se relève.

Nous n'insisterons pas plus longuement sur cette véritable cure de désintoxication, si utile chez tous les arthritiques, quelle que soit la manifestation clinique de leur diathèse. Nous avons hâte d'arriver à la spécialisation thérapeutique de *La Roche-Posay*, à savoir la cure des affections cutanées, et surtout la guérison, d'une rapidité vraiment surprenante, de ces prurits rebelles contre lesquels notre pharmacopée se débat si souvent en vain.

L'Eau, par la réunion des trois Sources, est alors employée en bains, plus ou moins prolongés, durant parfois deux et trois heures. Comme nous le disions tout à l'heure, le malade est comme « verni », « émaillé » par une pellicule de silice. Il importe qu'il ne s'essuie pas et qu'il laisse sur sa peau cet émaillage bienfaisant. Et l'on voit alors rétrocéder, avec une rapidité qu'on n'observe nulle part ailleurs, des prurits vulvaires, des prurits anaux, des eczémas suintants, empêchant, par la démangeaison, tout sommeil.

Il est aisé de concevoir que les enfants dont la peau traduit si souvent les intoxications acquises ou héréditaires doivent largement bénéficier d'une cure à *La Roche-Posay*.

PRURIGOS

Voici, par exemple, un enfant de cinq à six ans, qu'on nous amène parce que depuis l'âge de deux

LE MOULIN SUR LA CREUSE.

ans, il est tourmenté par des poussées d'urticaire, mais avec cette particularité que sur un certain nombre d'éléments ortiés, on note une papule dure, conique, terminée par un sommet blanchâtre, opalin, contenant un peu de sérosité. Ces éléments occupent surtout la face externe des avant-bras des coudes, des genoux, des mains, des doigts ; ils sont groupés en amas et sont le siège d'une intolérable démangeaison, empêchant l'enfant de dormir. En hiver, au printemps, cette affection subit une exacerbation, une recrudescence, et progressivement devient chronique. Sous l'influence des petites plaies multiples provoquées par le grattage, il existe des adénopathies plus ou moins volumineuses.

Cet enfant a du prurigo de HEBRA. Or, on sait ce qu'est cette maladie. C'est une manifestation cutanée de l'arthritisme, du lymphatisme et du nervosisme. Les sujets qui en sont atteints ont une hérédité arthritico-nerveuse chargée. Souvent ils présentent des terreurs nocturnes, de l'incontinence d'urine.

En bien ! mettez ce malade au traitement par l'arsenic, l'huile de foie de morue ou les préparations iodo-tanniques ; conseillez-lui des pommades au goudron et à l'huile de cade ; soumettez-le, si vous le voulez, à la radiothérapie ou aux courants de haute fréquence ; vous l'améliorerez, incontestablement, mais jamais vous n'obtiendrez d'aussi beaux et d'aussi rapides résultats qu'en l'envoyant se plonger dans les eaux de *La Roche-Posay.* En quelques jours, les démangeaisons cesseront et votre patient, au bout de cinq à six semaines de traitement, rentrera chez lui débarrassé de son affection. Les Eaux auront agi non seulement comme un excellent topique par l'application quotidienne et prolongée, comme nous le disions plus haut, d'un émaillage siliceux,

LA PORTE DE VILLE.

mais encore par une cure de diurèse, par une véritable cure de désintoxication.

ECZÉMAS

Quel est celui d'entre nous qui n'a pas été à même d'éprouver très fréquemment les plus vives difficultés dans le traitement des divers types d'eczéma de l'enfance?

Le plus habituellement il s'agit d'un enfant de huit à dix mois, ou plus, dont l'alimentation a été surabondante, en qualité ou en quantité; ou bien, il s'agit d'un bébé de douze à quatorze mois chez lequel le sevrage a été prématuré; on lui a donné trop rapidement des soupes, des panades, voire même des œufs et des légumes.

Sous cette influence, des phénomènes d'intoxication digestive chronique se sont manifestés, et l'on a vu apparaître sur le visage, sur le cou, sur les bras et quelquefois même sur les jambes, des vésico-papules d'eczéma, rapidement confluentes, et arrivant à recouvrir la presque totalité du visage, sauf les paupières, les sillons naso-géniens et le pourtour de la bouche. On voit de ces éléments sourdre des gouttelettes d'un liquide poisseux, qui ne tarde pas à se concréter en croûtelettes jaunâtres.

Or, ce qui inquiète surtout l'entourage, c'est le prurit intense, et le grattage forcené qui en résulte.

Hélas! malgré une hygiène sévère et des traitements en apparence rationnels, l'évolution du mal résiste fréquemment à toutes nos tentatives. L'enfant ne dort pas, s'énerve, maigrit; des infections secondaires peuvent survenir.

Dans d'autres cas, les éléments eczémateux ont eu pour point de départ le cuir chevelu, et ont envahi les sillons rétro-auriculaires, les plis du cou, les sourcils, l'orifice des narines, les aisselles,

les plis articulaires. Les croûtes abondantes, larges, jaunâtres, sont onctueuses et grasses.

Alors que le premier type évolue surtout chez l'enfant à hérédité arthritique ou névropathique,

LE MOULIN ET L'ÉGLISE.

le second s'observe principalement chez les lymphatiques.

Au reste, il faut bien dire que nous rencontrons fréquemment chez un même enfant les deux variétés réunies, surtout si nous voulons bien nous rappeler que les impétiginisations streptococciques viennent, en général, défigurer l'aspect classique.

Enfin, on nous présente parfois des enfants de trois à quatre ans, porteurs de placards lich'nifiés disséminés sur toute la surface de la peau, séquelles de placards d'eczéma papulo-vésiculeux de la première enfance.

Dans tous ces cas, le symptôme qui domine est le prurit intense; il occupe le premier plan èt il n'est pas rare précisément, si l'on n'y obvie rapidement, d'observer une lichénification des placards eczémateux.

Le bain de *La Roche-Posay* est un merveilleux agent de sédation de ce prurit. Aussi ne doit-on pas hésiter à adresser dans cette station même les enfants de moins d'un an. Evidemment chez eux on devra se contenter des applications externes, des véritables pansements que constituent les bains ; et il ne peut y avoir aucun inconvénient à les y laisser une demi-heure et plus, l'eau étant réchauffée à une température convenable

Chez ceux plus âgés, de deux, trois, quatre ans et plus, on complétera par des boissons qui agiront alors par une diurèse très active, élément essentiel de désintoxication, condition éminemment favorable pour la modification du terrain de ces petits eczémateux, qui sont toujours des intoxiqués soit de par leur hérédité soit de par leur hygiène défectueuse.

NÉRIS-LES-BAINS (Allier)

Néris est une petite ville de 3.000 habitants, à six heures de Paris; on y accède par la gare de Chamblet (4 kil.), ce qui malheureusement contraint le voyageur à un désagréable voyage en voiture ou en autobus. Il est aussi commode

ÉTABLISSEMENT THERMAL

d'y aborder directement par Montluçon, qui n'en est distant que de 7 kilomètres. Il est vraiment très désirable que la Compagnie fermière de l'Établissement thermal aboutisse à la construction d'une voie ferrée reliant directement *Néris* à la grande ligne (1).

---

(1) Un tramway électrique, de la gare de Montluçon à la Station de Néris, sera inauguré, dit-on, pour l'ouverture de la saison prochaine (1914).

A *Néris*, nous sommes à 354 mètres d'altitude. Le climat est particulièrement doux, la température égale, sans grandes variations; aussi cette action de l'ambiance a-t-elle un caractère très nettement reposant et sédatif, venant s'ajouter à celle de la cure thermale.

L'établissement thermal reçoit son eau de sept sources différentes, très voisines les unes des autres présentant, par suite, une composition et des caractères à peu près identiques, et communiquant ensemble. La plus importante est le *Puils-César*, qui distribue toute l'eau aux services balnéaires. Car à *Néris*, comme nous le verrons tout à l'heure, on boit très peu; on se baigne beaucoup, en revanche.

Les Eaux de *Néris* sont hyperthermales (52° au *Grand-Puils)*. Cette température est également invariable; et si aux autres sources on trouve des températures un peu inférieures, cela tient uniquement aux divers chemins qu'elles ont à parcourir pour arriver aux griffons.

L'Eau de *Néris* est habituellement claire, très limpide et incolore. Mais si on l'observe sur une grande épaisseur, par exemple dans les bassins de refroidissement, elle semble verdâtre. Au reste, ce refroidissement, nécessité par la température de l'eau qui ne pourrait être employée à 52°, amène un trouble particulier, dû à la précipitation de la matière organique très abondante qu'elle contient, à la *glairine*, comme dit LANDOUZY, c'est-à-dire à la précipitation de sortes de flocons glaireux,

gélatineux, qui témoignent de la richesse de ces
eaux en matière organique vivante.

Un autre phénomène très intéressant à constater
par le visiteur est celui qui se produit dans l'un
des bassins, où l'eau thermale ne fait que passer,
où, par suite, elle reste très approximativement à
sa température initiale. Il se forme dans le fond de
ce bassin une végétation verdâtre toute spéciale,
à laquelle on a donné le nom de *conferves*. Ces
conferves, développés aux dépens de la glairine,
s'attachent au fond du bassin, formant des colonnes
plus ou moins élevées, ressemblant un peu à des
algues verdâtres ; elles sont composées de filaments,
de tubes qui s'enlacent à l'infini et qui se développent au milieu d'une masse gélatineuse.

L'eau de *Néris* possède au toucher une onctuosité toute particulière ; elle s'attache au doigt,
colle pour ainsi dire. Ce phénomène est encore dû
à la présence abondante de la matière organique.

Nous avons affaire ici à des Eaux très peu minéralisées ; à celles qu'on appelait autrefois des « eaux
indifférentes », ou encore, avec moins d'injustice,
des « eaux indéterminées ». Comme nous sommes
loin aujourd'hui de pouvoir considérer comme indifférentes des eaux telles que celles de *Néris* qui,
bien au contraire, possèdent des propriétés physiologiques aussi nettes et aussi précises !

Si l'Eau de *Néris* ne contient en tout que 1 gr. 26
par litre de matières minérales, constituées pres-
qu'entièrement par les divers bicarbonates et
surtout le bicarbonate de soude (0.41), elle ren-

ferme en revanche des gaz en grande quantité : de l'azote, de l'acide carbonique, des traces d'oxygène et 2,16 de gaz rares dont 1,06 d'hélium. Nous verrons ultérieurement quelle importance acquiert ce dégagement gazeux et comment on a pu l'utiliser pour la thérapeutique.

Il nous faut insister aussi sur les recherches si intéressantes du professeur CARLE, de Bordeaux, qui a longuement étudié les dépôts laissés par les eaux dans les puits et les canalisations. Cet auteur divise les dépôts, en dépôts lourds et en dépôts légers. Ce sont ces derniers qui ont fait l'objet de ses recherches particulières. Ils ont « une teinte puce comme le bioxyde de plomb. Lorsque cette matière a été finement tamisée pour en séparer le sable et qu'on l'a délayée dans l'eau, ses particules sont si ténues qu'elles traversent le papier Berzélius, et qu'elles tachent le papier ou les doigts comme le feraient de l'ocre, du manganèse ou du charbon. Elle n'a d'ailleurs ni odeur ni saveur ». M. CARLE a trouvé dans ces dépôts de la soude, de la chaux, et une notable quantité de baryte, de plomb, de cuivre et de silicate de soude.

Il est certain que cette minéralisation doit avoir, ainsi que l'état électrique spécial de cette eau démontré par ALLOT, une influence notable dans son efficacité si particulièrement énergique. Mais nous ne pensons pas que ce soit là vraiment le caractère spécial de cette station ; et les phénomènes morbides de la nutrition, si profondément modifiés à *Néris*, sont, à notre avis, surtout influencés par

la radioactivité très intense de ces eaux qui, d'après
les recherches de Curie, peuvent être classées
parmi les eaux les plus radioactives, et par la présence très abondante des gaz, de l'acide carbonique, et des gaz rares. D'Arsonval a pu démontrer que les Eaux de *Néris* exposées à l'air conservent leur radioactivité pendant 3 jours 58 environ,

LE CASINO.

tandis que cette radioactivité persiste dans les
dépôts légers, ce qui prouve que ces dépôts contiennent des corps radiants.

A *Néris*, on boit très peu. Le Bain est le grand
moyen thérapeutique. L'eau arrive dans les baignoires directement du *Grand-Puits*, à sa température normale ; et on refroidit le bain, à la dose
thermale prescrite, à l'aide de l'eau refroidie dans
les bassins.

Il n'y a malheureusement pas encore de bains
à eau courante. C'est là une lacune regrettable

que l'Administration fera bien de combler au plus vite.

La durée des bains varie suivant les cas cliniques. On en donne de quelques minutes; on en donne aussi de plusieurs heures, dans des cabines spéciales, dans lesquelles les malades peuvent, dans leurs bains, rester étendus sur un hamac. On en donne à 32°, on en donne à 38°.

Douches, pédiluves, bains de vapeur, irrigations diverses (nasales, pharyngiennes, vaginales, intestinales) complètent le traitement hydrothérapique. On donne aussi des bains de vapeur, sous forme de bains d'étuve ou d'encaissement.

Il existe à *Néris* un hôpital thermal où sont soignés les malades de la classe pauvre. Il est vraiment désirable de voir toutes les stations thermales créer de semblables établissements. Nous sommes bien souvent désarmés dans nos hôpitaux contre les différentes affections justiciables des cures thermales qui atteignent les malheureux; et, comme le disait l'an dernier le docteur NIVIÈRE, l'hôpital thermal devrait exister partout et tous les départements devraient voter des crédits spéciaux pour procurer à leurs assistés les bénéfices considérables qu'on retire des divers traitements hydrominéraux et qui sont actuellement réservés à la classe aisée, sauf dans les Stations appartenant à l'État où ce dernier a pu imposer la création d'un hôpital pour les indigents.

Il est à désirer également qu'à *Néris*, où le dégagement gazeux est si considérable qu'il arrive à faire bouillonner l'eau, comme d'ailleurs dans toutes les stations où le gaz carbonique est très abondant, il est à désirer qu'on utilise plus largement l'action de ces gaz comme moyen thérapeutique spécial.

Le docteur AUBEL est fort heureusement entré dans cette voie. Il a pu, grâce à un dispositif très simple, faire donner des bains hypergazeux et des douches gazeuses sous-marines. Il résulte de ses observations que l'action physiologique des Eaux est beaucoup accrue par cette adjuvance, sous l'influence, probablement, d'une sorte d'exaltation des propriétés physiologiques des éléments minéraux, plus peut-être que sous l'action directe de la radioactivité des gaz sur l'organisme.

ÉTUDE CLINIQUE

Le mot « sédation » devrait être, comme l'a si bien dit le professeur LANDOUZY, écrit sur le frontispice de l'établissement de *Néris*. Il synthétise en effet, toute l'action clinique de ces Eaux, qui sont essentiellement calmantes, et qui trouvent leur application dans toutes les algies.

Mais ce qu'il importe de bien dire à nos malades, quand nous les dirigeons vers la cure nérisienne, c'est que la *crise thermale* est ici particulièrement accentuée. Le plus souvent, en effet, dès les premiers jours, il se produit des phénomènes d'excitation qui pourraient inquiéter et faire abandonner le traitement ; les douleurs semblent subir une sorte d'exacerbation, une recrudescence, qui dure quelques jours, pour faire place au calme réparateur, à la sédation de toutes les douleurs.

Sous l'influence des Eaux de *Néris* le système nerveux, ce grand régulateur de toutes nos fonctions, est fortement impressionné; il s'ensuit une suractivité dans tous les échanges, et l'organisme tend à se débarrasser plus ou moins vite de tous les produits toxiques qui l'encombrent. Donc la cure nérisienne, perturbatrice au début, pourrait-on dire, conduit à une sorte d'équilibre normal de la nutrition, et par suite se produisent les phénomènes de sédation générale si cara téristiques et si spéciaux.

Nous aurons donc à diriger vers *Néris* tous les malades qui ont un déséquilibre de leur nutrition, étant entendu qu'ils bénéficieront surtout de la cure, si ce déséquilibre se traduit par des manifestations nerveuses, par des symptômes d'excitation, par des phénomènes douloureux montrant que le système nerveux surtout est intoxiqué et que c'est vers lui que doit se porter tout l'effort thérapeutique.

Il est toute une variété d'arthritiques qui seront justiciables de la cure érisienne; ce seront particulièrement : les migraineux et les rhumatisants. C'est avec avantage qu'on enverra vers ces Eaux les malades convalescents de rhumatismes articulaires aigus bien guéris de leurs crises, mais conservant, malgré tout, des douleurs vagues, erratiques, et particulièrement des douleurs musculaires et du lumbago.

Quel est celui d'entre nous qui n'a pas dans sa clientèle de ces malades dont les masses musculaires lombaires sont d'une extrême sensibilité, qui souffrent dès que la température se refroidit? *Néris* les améliore toujours et les guérit la plupart du temps.

Toutes les névralgies seront favorablement influencées par les Eaux de *Néris* et surtout les névralgies d'origine rhumatismale quelle qu'en soit la localisation.

Il semble vraiment qu'on puisse à l'aide de ce traitement faire un diagnostic étiologique et dépister, dans les cas où le résultat thérapeutique aura été nul, des névralgies symptomatiques d'intoxications diverses ou de lésions viscérales.

A côté des manifestations morbides rhumatismales, il y a lieu de noter certaines affections gynécologiques comme relevant du traitement né·-sien; mais nous pensons qu'il ne faudrait pas espérer faire disparaître ainsi des salpingites et des ovarites anciennes ainsi que des inflammations chroniques utérines et intra-utérines. Les affections gynécologiques sur lesquelles on doit espérer avoir prise nous paraissent se cantonner exclusivement dans le groupe des névralgies utérines, pelviennes et pelvi-abdominales.

Quant aux troubles de la menstruation, aménorrhées, dysménorrhées, on ne devra les envoyer à *Néris* que si elles sont sous la dépendance d'accidents nerveux qu'on observe souvent au moment de la puberté et de la ménopause.

Comme on le voit, *Néris* agit particulièrement sur les manifestations douloureuses, sur les algies de toutes natures, par le caractère éminemment sédatif de ses eaux et l'effet bienfaisant de leur radio-activité.

Aussi était-il aisé de prévoir que nous trouverions là la station par excellence des nerveux excités, à la condition que nous sachions bien établir la nature de l'affection et son siège.

Aussi je ne serai jamais partisan d'envoyer à *Néris* des malades atteints de lésions cérébrales, suites d'hémorragies ou de ramollissement; pas plus d'ailleurs qu'il me paraît prudent d'y adresser des paralytiques généraux dans l'espoir d'y calmer leurs phénomènes d'excitation.

Quant aux affections médullaires, myélites, tabès, scléroses en plaques, etc..., elles ne sont justiciables des Eaux de *Néris* que dans leurs manifestations douloureuses, et encore les améliorations ne seront-elles que passagères.

En revanche, ne manquons jamais d'envoyer à *Néris* tous ces hommes d'affaires, ces industriels, tous les surmenés cérébralement qui pendant de longs mois de l'année brûlent leur existence, subissent quotidiennement des causes d'excitation aboutissant rapidement à l'épuisement nerveux. C'est là que tous ces déprimés, tous ces intoxiqués qui font des périodes alternatives d'excitation et de dépression trouveront tous les éléments nécessaires au rétablissement de l'équilibre de leur système nerveux et à la désintoxication de tout leur

organisme. Là nous verrons rapidement disparaître
les migraines, les gastralgies, les entéralgies, que
l'on attribuait, à tort, à de mauvais régimes ali-
mentaires, et qui n'étaient en réalité que la traduction d'une intoxication générale du système nerveux.

Poussons plus loin ce déséquilibre; imaginons un
neuro-arthritique soumis à des émotions morales
fréquentes, à des inquiétudes de toute nature, se
surmenant cérébralement, ne suivant aucune
hygiène alimentaire, chez lequel ne tarde pas à
apparaître des idées hypocondriaques, des phobies
diverses, des obsessions variées. C'est le neurasthénique.

Celui-là sera particulièrement justiciable de
Néris et sans aucun doute nous y obtiendrons les
résultats les plus complets et les plus rapides. C'est
là une spécialisation de la station nérisienne et
c'est à juste titre que l'on doit y envoyer tous ces
malades.

Nous enverrons aussi à *Néris* les femmes nerveuses, hystériques de tous calibres, non pas dans
l'espoir d'y guérir leur névrose qui est plutôt une
affection mentale, mais parce que nous y trouverons
les meilleures conditions pour y modifier leur sensibilité exaltée et l'impressionnabilité de tous leurs
nerfs. Nous modifierons leur activité cérébrale et
aussi nous produirons une sédation notable de toutes
les manifestations morbides de leur névrose.

Une caractéristique particulière des Eaux de
Néris, c'est de calmer les insomnies et de procurer

aux malades qui en sont privés depuis longtemps
·un sommeil réparateur.

Nous n'insisterons pas plus longuement; nous
croyons avoir suffisamment montré, par cette vue
d'ensemble, les malades qui sont justiciables de
cette station et nous désirons maintenant nous
appesantir plus spécialement sur l'aide précieux
qu'elle est susceptible de fournir à la thérapeutique infantile.

L'HÉRÉDITÉ NÉVROPATHIQUE

Néris nous paraît être un instrument merveilleux de puériculture. A l'époque où nous vivons,
au milieu de notre vie de surmenage physique et
intellectuel, après avoir subi les assauts d'intoxications de toutes natures, nous procréons des
enfants dont le déséquilibre nerveux se fait sentir
dès les premières années, quelquefois même dès
les premiers mois de leur existence.

Rappelons-nous ces petits malades qui, à l'occasion d'élévations thermiques banales, d'indigestions, de vers intestinaux, de fièvres éphémères,
présenten, des crises convulsives fréquemment
répétées et se reproduisant à toute occasion.

Ne voyons-nous pas aussi journellement des
enfants d'un nervosisme exagéré présentant une
irascibilité maladive, une émotivité exagérée, en
proie à des terreurs nocturnes, parfois même à des
accès de somnambulisme?

Enfin, on nous consulte fréquemment pour des
petits malades, fils d'hystériques ou de neuras-

théniques, présentant vers l'âge de quatre ou cinq ans et même plus tard des crises convulsives, urinant parfois la nuit dans leur lit, crises qui n'ont pas encore les caractères cliniques · bien nets de l'épilepsie, mais qui en sont cependant des avant-coureurs.

Néris devrait être peuplé par ces petits malades. Sans attendre plus longtemps les manifestations graves des névroses, il convient de les diriger dès leur plus tendre enfance et pendant plusieurs années vers ces Eaux bienfaisantes, elles seules capables de rétablir l'équilibre chancelant de leur système nerveux, et de les faire évader de leurs tares névropathiques ancestrales. Si l'on savait mieux appliquer la cure de *Néris* et plus largement la distribuer à tous ces petits patients, nous verrions certainement plus tard beaucoup moins de nerveux, beaucoup moins d'hystériques et d'épileptiques. Et c'est ainsi que nous justifions ce que nous disions tout à l'heure, à savoir que *Néris* doit être considéré par tous comme un instrument supérieur de puériculture, comme un des meilleurs moyens de prophylaxie des affections nerveuses.

Chorée de Sydenham

La chorée de Sydenham est une des affections nerveuses qui se trouvent le mieux de la cure nérisienne. On sait qu'elle s'observe le plus habituellement entre sept et douze ans, que l'hérédité y joue un rôle appréciable et qu'elle se produit surtout sur les sujets ayant présenté des manifestations névropathiquès antérieures. Certes, il semble bien démontré aujourd'hui que le rôle des infections et des intoxications est prépondérant dans l'apparition de cette maladie; mais il n'en est pas moins vrai que le terrain névropathique est nécessaire à son éclosion et c'est précisément ce qui lui donne un caractère tout spécial.

Il s'agit par exemple d'un enfant qui depuis quelque temps est devenu inattentif, irritable, et chez lequel, peu à peu, on a vu s'installer des mouvements désordonnés commençant par des grimaces de la face, puis par des mouvements des membres supérieurs le rendant très maladroit. Peu à peu, les membres inférieurs se sont pris également, les pieds, les jambes, les cuisses sont animés de mouvements incoordonnés plus ou moins rapides. Un certain degré d'amyosthénie ne tarde pas à apparaître en même temps que dans les membres les plus atteints se manifeste une diminution du tonus musculaire. Les groupes musculaires atteints présentent aussi des troubles sensitifs, troubles de la sensibilité subjective, troubles de la sensibilité objective et troubles sensoriels.

Cet enfant peut présenter une complication cardiaque, une endocardite par exemple, et ce que l'on observe assez souvent ce sont des troubles du rythme, véritable chorée du cœur proprement dite.

Livrée à elle-même, la chorée va se prolonger plus ou moins longtemps, susceptible d'amener des complications parfois très graves, mais aussi capable de guérir spontanément. Ce qui caractérise dans tous les cas cette affection, c'est qu'elle est coutumière des rechutes, et qu'il n'est pas rare de voir des malades qui en sont atteints en présenter successivement plusieurs crises à des époques plus ou moins espacées.

On conçoit dès lors que chez un tel malade, quelle que soit la théorie pathogénique à laquelle on se rattache, il convienne par-dessus tout d'agir non seulement sur les manifestations symptomatiques, mais aussi sur le terrain névropathique, essentiel pour le développement de la maladie.

Or, le repos, le calme, la vie au grand air, le séjour à la campagne, sont les premières prescriptions que nous devons faire dans ce cas. Où trouverons-nous mieux qu'à *Néris*, réunis tous ces desiderata?

C'est là que nous devons envoyer tous nos cho- réiques, même pendant la période d'état. Quelle que soit la forme clinique, qu'il s'agisse d'une chorée grave paralysante ou d'une chorée vulgaire et de moyenne intensité, l'effet de la cure thermale sera d'abord de diminuer la durée de la maladie, et très rapidement nous verrons les mouvements désordonnés des membres et de la face s'atténuer et disparaître. Sous l'influence des eaux, du calme de la station, de la cure d'ambiance, si l'on peut dire, le terrain morbide se modifie en même temps. Aussi est-il très important pour tout enfant cho- réique de revenir pendant plusieurs années à *Néris*, afin d'éviter les rechutes. On ne devra même pas

se laisser arrêter par les complications cardiaques,
lorsqu'elles existent.

GOITRE EXOPHTHALMIQUE

Le goître exophthalmique est très favorablement
influencé par la cure à *Néris*.

Il nous suffira, pour bien montrer le profit qu'on
peut en tirer, de relater rapidement l'observation
résumée d'une jeune malade que nous y avions
envoyée il y a quelques années.

Il s'agissait d'une jeune fille de 16 ans, d'une
hérédité nerveuse très chargée, qui, depuis l'âge
de 13 ans 1/2, au moment de l'apparition de ses
règles, avait vu son cou grossir d'une façon très
notable. Pendant longtemps on ne prit aucune
attention à ce symptôme; mais, à 15 ans, l'enfant
fit une scarlatine, à la suite de laquelle le corps
thyroïde subit un nouveau développement anor-
mal.

Cette jeune fille présentait en outre une tachycardie assez accentuée; le pouls battait, au repos,
à 120 à la minute, tout en conservant un rythme
normal. Elle se plaignait de palpitations violentes
à la moindre marche, au moindre effort. Nous
constatâmes que, malgré un choc violent de la
pointe et un ébranlement accentué de la paroi,
l'aire de matité était normale. Pas de bruits anor-
maux.

Le corps thyroïde était très développé, hypertrophie régulière, mais assez considérable, augmentant progressivement, nous dit-on, au point

qu'un corsage fait il y a trois mois ne pouvait plus se boutonner au cou.

Il n'y avait pas à proprement parler d'exophthalmie, mais les yeux étaient brillants, la pupille très dilatée ; le regard avait un aspect inquiet tout spécial.

Nous n'avons pas noté de tremblement bien manifeste ; peut-être, à la rigueur, existait-il, léger, menu aux deux mains.

La malade etait très irritable, fantasque, se prêtant mal à ce que voulaient ses parents. Elle ne pouvait étudier, fixait mal son attention, dormait très peu et était sujette à des cauchemars. Elle éprouvait fréquemment des bouffées de chaleur au visage, avait constamment la paume des mains en sueur. L'appétit était très médiocre, très irrégulier, fantaisiste, et la jeune fille avait notablement maigri depuis quelques mois.

Nous ajouterons qu'ayant consulté déjà plusieurs médecins, on avait épuisé, sans résultats, toutes les médications préconisées contre le goitre exophthalmique.

Nous ne nous sommes pas attardés à essayer à nouveau des moyens thérapeutiques qui s'étaient déjà montrés inefficaces et nous conseillâmes une cure prolongée à *Néris*. La malade y resta six semaines. Elle en revint améliorée d'une façon très considérable. Le corps thyroïde n'avait que peu diminué de volume, mais les palpitations, la tachycardie étaient très réduites ; l'état psychique était presque excellent et la malade avait engraissé de plus de trois kilos.

Nous lui conseillâmes alors de vivre à la campagne jusqu'à l'année suivante. Ce qu'elle fit. Elle se rendit ensuite faire une nouvelle cure à *Néris*, et dès la fin de cette deuxième saison, il ne restait plus qu'une hypertrophie thyroïdienne encore notable, mais ne donnant à côté d'elle aucun autre symptôme morbide.

Aujourd'hui cette jeune fille a 20 ans. Elle se porte très bien, ne présente plus aucun trouble nerveux, ni manifestations d'intoxication thyroïdienne. Le cou est encore un peu gros; on sent encore qu'il existe du goitre; mais toute autre manifestation morbide a disparu.

Ce résultat a été obtenu par trois années de cure nérisienne. Nous regrettons vivement que cette année la malade n'ait plus voulu y retourner; peut-être aurions-nous obtenu la disparition totale de l'hypertrophie glandulaire.

Nous ne pouvons évidemment garantir ici une guérison absolue et définitive; il est possible que nous assistions un jour à une rechute, surtout si cette jeune fille se marie et devient enceinte, car on connaît l'action de la grossesse sur la glande thyroïde. Mais le résultat obtenu par *Néris* n'en a pas moins été très remarquable et doit être retenu.

Comment expliquer de telles guérisons dont tous les médecins de *Néris* pourraient citer des analogues? Est-ce par l'action des eaux sur le système

nerveux? Ou bien le traitement thermal, la radio-
activité si spéciale de ces sources modifient-ils
le déséquilibre thyroïde? La chose est infiniment
probable, et c'est l'opinion que professent nos
confrères de la Station.

Quoi qu'il en soit du mode d'action, le résultat
est certain, et on ne saurait trop engager les malades
atteints de goitre exophthalmique à aller se soigner
à *Néris*.

Au chapitre suivant, concernant *Évaux*, nous
dirons ce que nous pensons de l'envoi à *Néris* ou
à *Évaux* des Enfants atteints d'*excitation cérébrale*.

ÉVAUX-LES-BAINS (Creuse)

Cette petite Station mériterait d'être plus connue, plus fréquentée. Située à 474 mètres d'altitude, non loin du confluent de la Tardes et du Cher, au centre d'une région montagneuse très

TERRE-PLEIN D'ÉMERGENCE DES SOURCES
ET BASSINS DE REFROIDISSEMENT.

pittoresque, possédant un air sec, un climat de variations minimes, une salubrité parfaite, la petite ville d'*Évaux* possède toutes les qualités thérapeutiques pour les algiques, les nerveux, qui y trouvent non seulement une parfaite sédation à leurs maux, mais une action modérément tonifiante, particulièrement heureuse chez certains malades anémiques affaiblis, comme, par exemple, des rhumatisants que les crises prolongées ont spécialement débilités.

Hélas ! si l'on compte trouver à *Évaux* un large confort, et des distractions susceptibles d'entrecouper la monotonie du traitement, on risque beaucoup d'être déçu et nous pensons que les Administrateurs de la Station doivent diriger leurs efforts vers certaines améliorations matérielles que les exigences de la vie moderne rendent indispensables pour les malades.

Mais si l'on veut examiner *Évaux* seulement en médecin, et en ne considérant que l'action thérapeutique, on peut être certain de rencontrer dans ces eaux particulièrement bienfaisantes une efficacité réelle pour toute une série de patients pour lesquels nous examinerons tout à l'heure les diverses indications à cette cure thermale.

Les Eaux d'*Évaux* proviennent de sources très nombreuses, trente environ. Leur température varie de 60 à 48 degrés, suivant les sources, mais est d'une fixité remarquable, ce qui prouve qu'il ne se fait aucune infiltration de voisinage. Le débit total des sources est de 800 à 900 mètres cubes par 24 heures. Les eaux sont amenées dans de grands réservoirs, où elles sont refroidies à une température optima pour les services hydrothérapiques.

L'analogie des eaux d'*Évaux* est frappante avec

celles de *Néris*. Nous dirons plus loin les différences
qui existent cependant et dont on peut tirer un
utile parti en thérapeutique.

Comme à *Néris*, on voit se développer dans les
bassins, avec une fertilité peut-être encore plus
grande ici, les belles conferves de couleur verte;
on dirait vraiment de petites forêts en miniature.
Nous avons pu en tenir dans les mains, et, en cher-
chant à les exprimer, il nous a été donné de constater qu'il en sortait une très grande quantité de
petites bulles gazeuses.

A *Évaux*, on les emploie comme topiques, et
elles semblent amener une révulsion intense du
côté de la peau, sur laquelle elles déterminent au
bout d'un certain temps une coloration d'un
rouge assez vif.

La minéralisation des eaux d'*Évaux* est encore
très faible. C'est à peine si elle atteint 1 gr. 80. On
voit, toutefois, qu'elle est un peu plus forte qu'à
Néris. Ici ce sont les sulfates alcalins qui prédomi-
nent (0 gr. 90) et les chlorures (0 gr. 20), tandis
qu'à *Néris* nous avions surtout des bicarbonates.

Le dégagement gazeux est très abondant, et
constitué non pas par de l'acide carbonique libre,
mais par de l'azote (90 %) et par des traces
d'argon.

Le bain fait ici le fond de la médication. Mais
la buvette est beaucoup plus fréquentée, plus
utilisée qu'à *Néris* et la Source César est d'un
secours précieux pour les dyspeptiques douloureux. Prise à l'intérieur, à doses convenables,

l'Eau d'*Évaux*, Source César, amène une sédation rapide des phénomènes douloureux chez les enfants atteints de dyspepsie gastro-intestinale chronique, et sujets à des coliques en période de digestion.

Nous trouvons avec l'emploi de cette Eau de César un avantage important qui permet de continuer la cure à domicile. On a en effet tort de considérer comme inutiles ces cures à domicile, et de se contenter des quelques semaines passées à la Station. Certes, la médication est autrement intensive prise au griffon ; mais continuée à domicile, par périodes, dans le courant de l'année, on entretient l'état d'euphorie que procure rapidement la cure thermale et on empêche souvent les rechutes. Au reste, nous reviendrons plus longuement sur cette question quand nous parlerons des Eaux de la *Bourboule*, de *Châtel-Guyon*, de *Vichy*, *Pougues*, et d'autres encore, dont l'efficacité à domicile est reconnue depuis longtemps. Il y a là un point très important de thérapeutique hydrominérale qu'on a, actuellement, trop de tendance à négliger.

ÉTUDE CLINIQUE

La sédation est encore ce qui domine ici, comme à *Néris* ; mais alors que dans cette dernière Station nous pouvions envoyer les excités, les éréthiques, les malades particulièrement impressionnables, à *Evaux* nous devrons tenir compte du caractère tonique de la Station dont les Eaux et le climat conviennent de préférence aux torpides, et dont il faut éloigner les hyperexcitables.

Avez-vous affaire à un de ces petits choréiques, hystérique en évolution ou latent, irritable à l'excès, voyant son incoordination motrice s'aggraver sous la moindre émotion, sous le moindre choc physique ou moral? C'est à *Néris* qu'il faudra l'envoyer.

Au contraire, êtes-vous en présence d'une affection choréique qui a amené une dépression pro-

UNE BAIGNOIRE DES PREMIÈRES GALERIES.

fonde, une anémie notable? C'est vers *Évaux* que vous devrez diriger votre malade; il y trouvera en même temps que la sédation nécessaire au déséquilibre de son système nerveux, des effets toniques dus à la légère sulfuration de certaines sources, à la présence des chlorures, en même temps qu'à l'action du climat spécial de la Station.

Tous les praticiens connaissent la susceptibilité spéciale du système nerveux chez l'enfant. Tout l'axe cérébro-spinal à cet âge possède une suractivité et une impressionnabilité particulières. Aussi devons-nous porter notre attention vers les diverses manifestations du nervosisme et tout spécialement chez les malades dont l'hérédité est éminemment. susceptible de créer une prédisposition aux localisations nerveuses de toutes les infections.

Des Stations comme *Évaux* et comme *Néris* devraient être peuplées par tous ces petits nerveux avérés ou « en puissance ».

Ils sont légion ces enfants irritables, qui prennent des colères pour les causes les plus futiles, qui présentent, d'une façon plus ou moins intense mais permanente, de l'irritation cérébrale et qui sont toujours, de ce fait, dès leur berceau, en état d'imminence morbide. Bébés, ils ont des convulsions pour la moindre fièvre, la moindre indigestion ; plus grands, ils ont des insomnies, des terreurs nocturnes, des accès de somnambulisme, ils grincent des dents pendant le sommeil, et parfois même ils présentent des crises nerveuses, des syncopes d'aspect mal déterminé, qui ne sont, le plus habituellement, que l'ébauche de crises d'hystérie ou même d'épilepsie.

Ces enfants, si foncièrement excitables, dont le système nerveux est toujours en ébullition, qu'on me passe cette expression, sont tout à fait justiciables de *Néris*.

A côté de cela, on nous amène des fillettes de

de 8 ou 10 ans, ou plus, qui se plaignent constamment d'être fatiguées; elles présentent des céphalées intenses, parfois atroces, paroxystiques; on croit à de vulgaires migraines; on incrimine le tube digestif; on soigne une constipation hypothétique. L'enfant est pâle, anémique, les yeux cernés; les pupilles sont extrêmement dilatées; le sommeil est pénible, entrecoupé de rêves; l'appétit est très capricieux et quelquefois même on note des vomissements, qui ne contribuent pas peu à faire errer le diagnostic vers un état gastro-intestinal.

Ces sujets foncièrement nerveux, mais déprimés, se trouveront bien d'une cure à *Évaux*. Vous surprendrez évidemment la famille quand vous annoncerez que leur petite malade est par-dessus tout une nerveuse. Dans le monde, on ne croit qu'aux nerveux excités, exubérants, on ne songe jamais aux « renfermés », à ceux qui se replient sur eux-mêmes, pour ainsi dire, aux torpides, qui ne sont pas les moins difficiles à guérir.

Voici encore un jeune collégien pâle, presque d'aspect cireux; son caractère sombre et toujours méfiant le fait s'éloigner des jeux habituels de ses compagnons; il se plaint constamment de souffrir d'un peu partout, tantôt c'est la tête qui lui fait mal, tantôt il ressent des douleurs vagues dans les espaces intercostaux ou dans le ventre. L'examen le plus minutieux ne décèle aucune affection organique. L'appétit est médiocre, le sommeil a peu près nul.

Ce petit malade se trouvera très bien d'une cure à *Évaux* qui tonifiera son système nerveux déficient.

Néris, Évaux, sont des armes thérapeutiques de tout premier ordre contre les diverses névropathies, et nous avons toujours vu revenir très notablement améliorés, transformés même, les petits nerveux judicieusement envoyés vers ces Stations.

Il importe que le médecin réagisse énergiquement contre la funeste habitude qu'ont les familles d'emmener leurs enfants dans une villégiature ou vers une Station quelconque, sans se préoccuper des contre-indications qui peuvent exister. Il convient également que nous sachions résister aux sollicitations d'une mère qui voudrait emmener son enfant sur une plage ou vers une Station plus agréable que telle autre. Il n'est pas rare de voir des petits nerveux revenir très souffrants d'un séjour irraisonné et contre-indiqué au bord de la mer ou dans une Station thermale quelconque. Il est malheureusement très rare de voir les parents accepter cette intervention médicale, quand l'enfant ne leur paraît pas malade ; et cependant que de résultats déplorables n'observons-nous pas à la suite de cures intempestives !

En résumé, *Évaux, Néris* sont des Stations tout à fait appropriées aux enfants névropathes ; qu'il s'agisse de névroses confirmées, ou de simples tempéraments nerveux ; d'hystériques ou d'épileptiques, ou d'enfants en puissance de ces graves

névroses; c'est à l'aide de ces deux cures thermales que nous les améliorerons, que nous modifierons leur terrain, que nous transformerons leur
hérédité. Nous saurons discerner, comme nous le
disions plus haut, quel sujet sera plutôt justiciable
de *Néris* que d'*Évaux*; mais, dans tous les cas,
nous retirerons les plus grands bénéfices de cures
répétées pendant plusieurs années susceptibles

SALLE D'INHALATIONS.

d'arracher un système nerveux déséquilibré aux
localisations infectieuses qui le guettent, du fait
de sa moindre résistance.

Avant de terminer, nous devons ajouter qu'en
outre de ce rôle si efficace en thérapeutique infantile, les Eaux d'*Évaux* agissent très heureusement
chez les rhumatisants, les goutteux, dont elles
calment les douleurs; les névralgies de toutes
sortes y sont aussi très heureusement influencées.

LE MONT-DORE (Puy-de-Dôme)

Station d'enfants au premier chef, le *Mont-Dore* est une des plus puissantes ressources thérapeutiques que nous possédions contre les conges-

VALLÉE DU MONT-DORE (altitude 1050 ᵐ).

tions récidivantes de la muqueuse broncho-pulmonaire, surtout chez les arthritiques.

Rappelons-nous, un instant, la ténacité des

bronchites qui succèd.ent à la rougeole, à la co
queluche, ainsi que l'adénopathie trachéo-bron
chique qui accompagne si fréquemment ces affections ; représentons-nous nos luttes, souvent
inutiles, contre ces crises d'asthme, de bronchite
sibilante à répétition, cet .état emphysémateux et
catarrhal chronique des voies respiratoires que
nous observons habituellement chez nos petits
malades arthritiques, eczémateux. C'est au *Mont-
Dore* que nous allons trouver les armes nécessaires pour combattre efficacement toutes ces
manifestations soit de l'arthritisme, soit d'infection banales, séquelles de la grippe, de la rougeole
ou d'autres maladies, soit de la tuberculose localisée
dans les ganglions bronchiques, ou même ayant
déjà mis son emprise sur le parenchyme pulmonaire.

Le *Mont-Dore* est situé à 1.050 mètres au-dessus
du niveau de la mer. Nous rencontrons ici, non
seulement l'action si puissante de la cure thermale,
mais encore les effets non moins importants en
l'espèce, vu la spécialisation de la Station, du
climat d'altitude.

Le *Mont-Dore* s'adosse à l'Est, aux coulées tra-
chytiques du Plateau de l'Angle, dans la vallée de
la Dordogne, que domine le Pic du Sancy. A l'ouest,
le Plateau du Capucin (1250 m.) est un merveilleux parc planté de sapins et de hêtres, où les
malades peuvent aller passer tout leur après-midi,
en s'y rendant par un funiculaire électrique.

Les Eaux du *Mont-Dore*, dont la réputation mon-

diale date de la plus haute antiquité, sont des Eaux
bicarbonatées mixtes, ferrugineuses, arsenicales
et siliceuses (ce sont les plus siliceuses de France).
Claires, d'une saveur salée, d'une température de

FUNICULAIRE DU CAPUCIN.

40 à 47°, laissant déposer une pellicule irisée due
à la silice et au fer, ces eaux sont relativement
peu minéralisées, 2 grammes par litre environ, dont
la moitié appartient aux bicarbonates divers,
avec 0.35 de chlorure de sodium, 1 milligramme
d'arséniate de soude et 0,15 de silice. Les gaz

y sont très abondants (99,5 %) d'acide carbonique, de l'azote, de l'argon, de l'hélium.. Quatre jours après le puisement, Curie y a encore trouvé une radio-activité de 0,33. %.

Tout le monde connaît la grande puissance des Eaux du *Mont-Dore*. Comment expliquer cette action si énergique, en présence d'une si faible minéralisation? Nous trouvons ici, comme souvent, la preuve que l'efficacité d'une Eau ne réside pas surtout dans sa composition chimique; et que, comme l'enseigne depuis si longtemps le professeur Landouzy, les Eaux minérales sont comme une véritable *lymphe*, agissant en même temps « par leurs combinaisons métalliques et organiques, par leur état thermo-électrique, par leur force osmotique », ce qui les rend absolument comparables aux lymphes baignant nos tissus. Ce serait donc se tromper étrangement que de vouloir conclure de la composition chimique d'une eau à son action sur l'organisme; la clinique bien plus que la chimie nous répondra et nous montrera la spécialisation des diverses sources.

Au reste, si nous remontons dans l'histoire du *Mont-Dore*, nous retrouvons des documents très anciens qui nous démontrent que l'empirisme avait depuis très longtemps fait reconnaître les propriétés remarquables de cette Station. Sidoine Apollinaire nous raconte que l'on employait déjà ces Eaux à la cure des affections respiratoires. N'avons-nous pas été également frappés, tous ceux

d'entre nous qui avons visité le bel établissement
thermal, par l'aspect si spécial du buste du *Vieux
Romain* qui nous donne tout à fait l'impression de

« LE VIEUX ROMAIN ».

Type de l'athsmatique emphysémateux, trouvé dans les
fouilles des thermes gallo-romaines.

la statue d'un emphysémateux, avec son cou
court, son thorax bombé et voussuré, ses épaules
relevées et ses yeux saillants? N'est-il pas permis
de penser que le statuaire ancien a voulu repro-
duire ici les traits du genre de malades qui trou-

vaient au *Mont-Dore* le meilleur soulagement ? Ne peut-on pas à juste titre considérer, par suite, que les Romains connaissaient déjà cette spécialisation de la cure Mont-Dorienne.

L'établissement thermal du *Mont-Dore* est actuellement aménagé dans les meilleures conditions possibles et toutes les règles de l'hygiène et de l'asepsie y sont observées avec une extrême rigueur. Cela dit pour répondre à l'objection ridicule que nous entendons trop fréquemment de la part de nos clients. On redoute en effet d'aller au *Mont-Dore* soigner son asthme ou autre affection parce qu'il y aurait là-bas de nombreux tuberculeux et qu'on craint la contagion !

Or, il est certain que l'établissement est installé de telle façon que c'est là que l'on a le moins de chances de contracter la tuberculose. Partout, dans l'Établissement, grâce à l'intelligente initiative de l'Administration et aux lourds sacrifices qu'elle a su consentir, dans les villas, les hôtels, grâce à une entente parfaite des habitants, des hôteliers et d'une municipalité toujours prête à suivre les avis éclairés du corps médical, partout on trouve les garanties désirables d'une saine et rationnelle prophylaxie et d'une désinfection parfaitement effectuée et surveillée. On peut dire du *Mont-Dore* ce que l'on dit des Sanatoria : c'est là qu'on est le moins exposé à contracter la tuberculose parce qu'une guerre acharnée y est faite au bacille.

Ainsi, pour ne citer en exemple que l'établissement thermal, nous y voyons tous les murs recouverts d'enduits imperméables qu'il est facile de laver et qu'on ne se fait pas faute de nettoyer très fréquemment; les planchers en ciment ou en mosaïque sont canalisés, et le balayage à sec est absolument prohibé. Deux fois par jour, toutes les pièces où passent et séjournent les malades sont lavées à grande eau et à la lance. En un mot, la propreté la plus rigoureuse règne partout.

L'Eau arrive à l'Établissement de douze sources différentes, ou, pour parler plus exactement, ces sources jaillissent directement du rocher auquel le bâtiment est adossé, et on les emploie sans se servir d'aucune tuyauterie, immédiatement dès leur émergence des griffons. C'est là, incontestablement, une supériorité, puisque le « médicament » se présente ainsi au malade avec toute sa puissance chimique, électrique et radio-active; c'est du sang, c'est une véritable lymphe, qui est absorbée par le malade, dès sa sortie du laboratoire terrestre.

Nous noterons, en passant, pour y revenir plus tard, que ces eaux embouteillées dès leur émergence peuvent être exportées partout avec leur même potentiel et permettent ainsi aux malades de continuer leur cure dans les inter-saisons.

Nous ne voulons pas nous arrêter ici à la description chimique des diverses sources; certes, nous ne sommes pas de ceux qui se laissent guider par un empirisme mal conçu et aveugle, et la constitution chimique et dynamique d'une eau présente toujours, à nos yeux, le plus grand intérêt. Mais

il n'en est pas moins vrai que la faible minéralisation des eaux mont-doriennes ne peut suffire à
nous expliquer leur haute valeur curatrice reconnue depuis si longtemps; et si nous devions recher-
cher la spécialisation thérapeutique d'une eau
d'après son chimisme, nous serions ici vraiment
bien perplexe. Or, la réputation thérapeutique du

ENTRÉE DE L'ÉTABLISSEMENT THERMAL.

Mont-Dore est mondiale. C'est donc que la clinique, ici comme ailleurs, domine tout et doit être
notre guide le plus précieux; et c'est beaucoup plus
avec notre expérience, avec nos observations, avec
celles de tous nos éminents confrères de la Station,
plutôt qu'avec les analyses des plus distingués
chimistes, que nous pourrons établir tout à l'heure

la clinique thérapeutique mont-dorienne en général, et en particulier chez l'enfant. C'est donc, encore, que pour être un bon hydrologue il faut, *avant tout*, être un praticien, un *clinicien*.

Mais avant d'aborder l'étude clinique proprement dite, voyons rapidement quels sont les diverses façons dont on peut se servir de l'Eau du *Mont-Dore* et les procédés appliqués chez les malades.

Les trois modes d'emploi principaux de l'Eau mont-dorienne sont : les *cures de boisson*, les *cures de Bains* (demi-bains hyperthermaux, pédiluves, manuluves), les *cures d'inhalation*.

La *boisson* joue un rôle très important au *Mont-Dore*.

L'eau y a un goût légèrement piquant, dû aux gaz qu'elle contient, et une saveur nettement styptique à cause de son fer.

Une première action très nette de la cure de boisson est d'exciter l'appétit par stimulation de la fonction peptique. C'est ainsi que les enfants lymphatiques, les rachitiques torpides qui viennent au *Mont-Dore* soigner des troubles respiratoires quelconques, sont, dès les premiers verres ingérés, sensiblement améliorés parce qu'ils mangent mieux et digèrent plus aisément. Ces petits malades sont des ralentis dans toutes leurs fonctions ; ils ont de l'atonie gastrique ; ils sont, le plus souvent hypopeptiques ; l'eau du *Mont-Dore* stimule la sécrétion chlorhydrique et l'état général ne tarde pas à se ressentir de fonctions digestives mieux équilibrées.

Aussi n'est-il pas surprenant de voir des malades auxquels la cure de boisson est exclusivement conseillée, revenir dans leur famille absolument transformés. On a pu ainsi, chez ces malades, soumis à la seule ingestion, se rendre compte de l'action reconstituante, tonique, due au fer et à l'arsenic, et de l'effet antiarthritique si précieux chez nos petits patients, dont le terrain organique est particulièrement entaché par une hérédité diabétique, rhumatismale ou autre.

La boisson agit aussi très efficacement dans certains catarrhes chroniques, et surtout chez nos asthmatiques. Nous ne pouvons mieux comparer l'action de l'eau mont-dorienne ainsi absorbée qu'à celle qu'on observe avec les préparations balsamiques chez certains rachitiques sujets à des inflammations fréquentes de leurs bronches, toussant pour ainsi dire en permanence, et brassant constamment des mucosités dans leurs premières voies aériennes.

Nous insistons tout particulièrement sur cet effet très net de la cure de boisson *seule*. Il est, en effet, des enfants particulièrement indociles qui ne se laisseront pas plonger dans des demi-bains hyperthermaux, qui ne consentiront que péniblement à se soumettre à l'inhalation suffisamment prolongée. Chez ces petits malades, avec la boisson seule nous aurons une arme très puissante, nous obtiendrons l'effet reconstituant et la sédation recherchée du côté des symptômes respiratoires.

N'est-ce pas la démonstration péremptoire de la grande efficacité de ces Eaux, puisque par leur simple ingestion, *sans aucune adjuvance*, nous obtenons déjà un effet stimulant général, modifiant profondément la nutrition, activant les échanges chez nos petits rachitiques torpides, amenant une amélioration fonctionnelle rapide de toute l'économie; chez nos petits arthritiques, produisant de véritables décharges d'acide urique; chez nos petits asthmatiques, nos petits catarrheux, calmant le spasme bronchique, modifiant les produits sécrétés par les bronches, décongestionnant la muqueuse.

Les *bains hyperthermaux* sont assez rarement employés chez les enfants, à moins de s'adresser à des adolescents de 14 à 15 ans. Ces demi-bains sont une véritable spécialité du *Mont-Dore* et une des pratiques les plus curieuses de la Station. Avec eux, on a à sa disposition une médication révulsive des plus énergique, susceptible de rendre service dans les congestions chroniques du poumon, et particulièrement chez certains arthritiques.

Ces demi-bains sont donnés dans de petites cuves, creusées dans le rocher, au niveau même du griffon dont l'eau arrive directement sur le malade, courante, et à une température constante, oscillant autour de 40 degrés. Le malade est assis dans cette cuve, plongé dans l'eau jusqu'à la ceinture, jusqu'à la base du thorax, et on l'y laisse pendant un temps variable, et suivant l'effet, cinq à dix minutes ordinairement. En sortant du bain, on habille le malade de flanelle et on le conduit chez lui, dans une chaise à porteurs, et il doit rester au-lit une heure ou deux.

Chez les malades ainsi traités on constate une rubéfaction très intense de tout le tégument immergé, une sudation très marquée. On conçoit donc l'effet révulsif énergique de cette médication et l'on s'explique aisément les bons effets que peuvent en retirer des poumons congestionnés.

Nous avons dit que ces demi-bains étaient peu employés chez l'enfant. Toutefois, il nous semble qu'on doit en retirer d'excellents effets chez des petits malades de 7 à 8 ans, atteints d'un catarrhe chronique, de dilatation des bronches, et faisant autour de leurs bronches dilatées des poussées congestives presque permanentes.

Quoi qu'il en soit, chez l'enfant on a surtout recours à des bains plus localisés, à des pédiluves, à des manuluves, qui produisent également une révulsion énergique, et par lesquels, si on veut bien les réitérer, on observe des améliorations très manifestes chez les petits bronchitiques, chez les enfants atteints de catarrhe naso-pharyngien. La stimulation, la dérivation qu'on obtient ainsi, chaque jour répétées, amènent des réactions vasculaires et nerveuses qui modifient profondément l'activité circulatoire de l'appareil respiratoire et de toutes les muqueuses malades. Aussi sont-ce là des procédés thérapeutiques particulièrement effi-

caces dans les convalescences de rougeole, de coqueluche, de grippe, ayant laissé dans l'arbre respiratoire des séquelles inflammatoires impossibles
à faire disparaître par tous les moyens pharmaceutiques.

Mais le véritable traitement, la base fondamen-
tale de la cure, réside dans les *inhalations*, qu'on
appelle au *Mont-Dore* des *Aspirations*.

Le traitement est ici réalisé par un séjour plus
ou moins prolongé dans de vastes salles chauffées
à des températures variant entre 28 et 32 degrés et
remplies d'un brouillard épais et chaud d'Eau
mont-dorienne.

Un point très important à signaler tout d'abord,
c'est que le large espace où s'effectuent les inhalations permettent aux malades de s'y promener,
d'y causer, et par conséquent d'y respirer tout à
leur aise, vivant pour ainsi dire de leur vie habituelle au milieu du brouillard médicamenteux,
et par conséquent laissant à leur fonction respiratoire toute son activité fonctionnelle, au lieu
de les laisser assis en face d'un vaporisateur, dans
une salle trop étroite où, nécessairement, le fonctionnement des poumons ne peut être normal.

Les vapeurs que respirent les malades contiennent de l'acide carbonique libre, de la silice, du
fer, de l'arsenic et, en outre, grâce à l'emploi de
pulvérisations effectuées sur le cheminement même
de la vapeur, cette vapeur d'eau voit sa minéralisation s'accroître et se charge de principes métalliques.

Les résultats thérapeutiques obtenus par cette méthode sont vraiment merveilleux. Les particules métalliques pénètrent très profondément dans le poumon, imprègnent la muqueuse respiratoire jusque dans les alvéoles, se déposant tout le long de l'arbre aérien. Il s'ensuit une véritable action détersive de la muqueuse, et rapidement on voit se fluidifier les sécrétions de nos petits catarrheux, et l'auscultation au bout de quelques jours démontre que les produits inflammatoires des bronches ou des alvéoles s'éliminent et se résorbent.

D'autre part, cette vapeur chargée de principes médicamenteux fait un véritable pansement sur la muqueuse aérienne, complétant ainsi l'action topique que nous signalions plus haut du fait de l'ingestion de l'Eau mont-dorienne.

Les enfants acceptent très aisément le séjour dans les salles d'aspiration; ils s'y habituent très vite et y jouent tout aussi gaiement que dans leur vie ordinaire, ce qui ne contribue pas peu à rendre le traitement plus efficace. Nous avons vu de petits asthmatiques, ayant eu la nuit précédente une crise violente, et encore très oppressés, être très rapidement soulagés. On ne saurait mieux comparer cette première action calmante de l'inhalation qu'à celle d'un cataplasme placé sur un tégument enflammé; c'est un véritable enveloppement chaud humide qui est ainsi réalisé autour des parties malades de leur appareil respiratoire.

Mais ce qu'il y a de plus important, c'est que cette action sédative retentit sur le système nerveux et, par suite, le bénéfice de la cure se prolonge bien au delà des séances et, de fait, pour prendre toujours l'exemple des petits asthmatiques, on constate que pendant les mois qui suivent, les crises d'asthme s'espacent et finissent par disparaître.

Comme nous le disions tout à l'heure, cette action calmante se complète par un effet détersif sur les muqueuses malades, et c'est ainsi qu'on voit des sécrétions naso-pharyngiennes ou bronchiques se fluidifier et être rejetées abondamment au dehors, laissant une muqueuse nettoyée, désinfectée comme une plaie que l'on aurait lavée avec une solution antiseptique.

Il en résulte tout naturellement une disparition progressive et rapide de la congestion qu'entretenaient tous ces produits de sécrétion pathologique ; l'irritation glandulaire s'atténue, puis disparaît, la toux se calme, la perméabilité se rétablit ; et l'on voit de vieux foyers broncho-pneumoniques, suites de coqueluche ou de rougeole, se résorber et disparaître complètement.

L'inhalation a un grand avantage chez les enfants : c'est qu'on peut l'appliquer même aux plus jeunes, à des bébés de deux à trois ans, *qu'il ne faut jamais craindre d'envoyer au Mont-Dore malgré leur jeune âge*. Chez ces enfants, en effet, il est quelquefois difficile d'arriver à leur administrer de l'eau en boisson ; on en voit qui se refusent à l'ingérer à cause du goût piquant et styptique. L'inhalation vient alors suppléer à l'absence de la cure de boissons, car l'eau s'absorbe aussi bien par la muqueuse aérienne, pendant toute la durée du séjour dans la salle; de telle sorte que l'enfant boit par ses bronches, et l'action tonique et antiarthritique générale que nous signalions plus haut est ainsi réalisée par voie détournée.

A tous ces procédés d'utilisation de l'eau du *Mont-Dore*, il convient d'ajouter l'action si particulièrement bienfaisante du climat d'altitude dont jouit la Station. Nous ne devons pas oublier qu'ici nos petits malades trouveront l'effet reconstituant d'un climat éminemment fait pour influencer la nutrition générale et stimuler toutes les fonctions. Du fait de cette situation à plus de 1.000 mètres d'altitude, il s'établit une gymnastique respiratoire qui est loin d'être indifférente; les mouvements thoraciques augmentent d'amplitude, l'air pénètre plus profondément dans les alvéoles des sommets et des bases; il se fait un véritable nettoyage de toutes les anfractuosités et il est fréquent de constater, chez les enfants, en fin de saison, que la capacité pulmonaire est très notablement accrue.

La matinée, on soigne le petit malade à l'établissement thermal; l'après-midi, on le conduit, par un funiculaire, sur ce ravissant et délicieux plateau du Capucin où il s'aère et s'inonde d'oxygène, en se livrant à tous les jeux, au milieu d'une atmosphère vivifiante qui lui rend rapidement la gaieté et l'appétit.

Étude clinique

Tout ce que nous venons de dire sur l'action des Eaux et du climat fait prévoir quels sont les malades que nous devons diriger vers le *Mont-Dore*.

Nous ne voulons pas ici rappeler toutes les indications thérapeutiques du *Mont-Dore*. Nous ne voulons pas insister sur les bienfaits que peuvent en retirer les sujets entachés de neuro-arthritisme, décelant leur intoxication chronique, leur nutrition languissante, par des manifestations cutanées, eczémateuses, herpétiques ou autres, manifestations alternant fréquemment avec des poussées congestives ou spasmodiques de l'arbre respiratoire.

Nous n'insisterons pas non plus sur l'action si efficace de la cure mont-dorienne chez certains diabétiques, ménacés de localisations pulmonaires tuberculeuses; sur les bienfaits qu'en retirent tous les surmenés professionnels de l'appareil respiratoire (avocats, professeurs, chanteurs). Nous avons hâte de montrer par des exemples vécus les résultats merveilleux que la Clinique infantile peut retirer d'une ou plusieurs saisons dans cette remarquable Station qui, nous le répétons, devrait être peuplée surtout et avant tout par les enfants.

Cures prophylactiques

Et tout d'abord nous estimons que bien souvent la cure au *Mont-Dore* devrait être employée comme moyen prophylactique, à titre préventif, chez les petits malades, fils d'arthritiques avérés, de goutteux, de diabétiques; chez les enfants, membres d'une famille où l'on voit éclore à chaque instant des manifestations eczémateuses, des bronchites répétées, des crises d'asthme.

Certes, il faut bien convenir qu'à notre époque on abuse un peu de cette appellation d'arthritisme, et que l'on a trop rapidement mis cette étiquette sur des états morbides mal définis. D'autant qu'il est assez malaisé de définir l'arthritisme, qui n'est en réalité qu'un état spécial de la nutrition.

Malgré cela, il n'en est pas moins vrai que chez l'enfant nous observons des manifestations multiples de ce tempérament arthritique.

Chez le nourrisson, c'est une peau sensible devenant facilement le siège de poussées d'eczéma, qu'il ne faudrait pas confondre avec des éruptions d'origine digestive.

Voyez ce nourrisson, âgé de 7 à 8 mois, nourri au sein, avec une hygiène parfaite. Les tétées sont pesées et réglementées avec une rigueur extrême; l'enfant grossit et semble se porter à merveille. Mais on vous le conduit parce qu'il a les joues et le front recouverts d'une éruption eczémateuse contre laquelle tout semble échouer. On a tout essayé, on a sevré la nourrice de viandes et d'œufs, on a restreint les tétées, on a purgé l'enfant, qui, par parenthèses, était constipé. L'affection disparaît pour revenir périodiquement et sans cause apparente.

Chez un autre bébé, on vous racontera qu'il s'enrhume avec une facilité désespérante. Il a toujours le nez qui coule, et la famille, qui pense que c'est le froid qui agit sur cet état de choses, calfeutre l'enfant et le confine à la chambre. Mais c'est en vain qu'on le prive d'air; le nez est toujours pris, le bébé éternue à chaque instant, et tousse surtout la nuit.

Voilà le type des nourrissons qu'on doit au bout de leur première année, malgré leur jeune âge, conduire au *Mont-Dore* où la cure thermale, sagement dirigée par les confrères de la Station qui savent bien soigner de si petits malades, enrayera ces manifestations précoces d'un état diathésique, véritables déviations fonctionnelles, qui ne tarderaient pas, c'est certain, à devenir des lésions définitives, à constituer des eczémas tenaces, des rhino-pharyngites rebelles, ou à se transformer en des accès d'asthme comme ceux dont nous parlerons tout à l'heure.

La cure mont-dorienne aura donc ici une véritable action préventive, en modifiant le tempérament de ces bébés, et, au bout de deux ou trois saisons bien conduites, les empreintes de l'hérédité morbide auront disparu, le tempérament et les aptitudes seront corrigés. Combien d'enfants ne seraient pas devenus des asthmatiques si on avait su, précocement, leur conseiller des traitements au *Mont-Dore*.

Qu'on ne vienne pas nous objecter le jeune âge de ces petits malades. Il n'y a là aucune contre-indication; c'est tout simplement une question de métier, une affaire de dosage et d'application du médicament mont-dorien; et à cet égard, nos savants confrères de la Station offrent toutes garanties.

Plus tard, dans la seconde enfance, le tempérament arthritique se manifeste par des poussées congestives, passagères au début, sans gravité, par du coryza spasmodique, par exemple; si l'on n'y prend pas garde, et si l'on s'attarde en des traitements locaux qui sont toujours inefficaces, on ne tarde pas à voir tout l'appareil lymphatique du naso-pharynx participer aux phénomènes fluxionnaires, donnant naissance à ce que nous appellerons des bronchites congestives, parfois très effrayantes, donnant en quelques heures l'impression d'une inondation du poumon par une pluie de râles fins, avec plus ou moins de fièvre.

Ce sont de petits malades présentant le plus souvent un embonpoint normal, quelquefois exagéré, mais dont les tissus sont mous, flasques, sans tonicité; ils sont pâles, nerveux, dormant mal, en proie à des terreurs nocturnes qu'on a trop de tendance à mettre sur le compte du tube digestif, d'autant qu'en même temps ce sont des dyspeptiques, à appétit perverti, ou anorexiques, constipés, et très souvent présentant une odeur fade de l'haleine rappelant l'acétone. Au reste ces malades sont souvent ceux que nous observons avec des vomissements acétonémiques.

Ajoutons à cela de véritables migraines, des crises de céphalée fréquentes et intenses, et des éruptions cutanées diverses.

Tous ces enfants doivent être envoyés au *Mont-Dore*. Ils n'ont pas encore, à vrai parler, de *spécialisations* morbides sur un de leurs appareils ; ce sont encore des sujets en *imminence de localisations* ; ce sont des malades qui feront plus tard de l'asthme, des anomalies de la croissance, chez les filles de la dysménorrhée ou des règles très douloureuses, ou encore un retard important dans l'établissement de la menstruation ; ils deviendront des rhumatisants, des goutteux, des calculeux ; et enfin ils pourront faire de la tuberculose, particulièrement sous cette forme non folliculaire décrite par PONCET et LERICHE.

Si vous les envoyez tôt vers le *Mont-Dore*, vous corrigerez en quelques années tous ces troubles fonctionnels ; vous réparerez rapidement les dégâts que la diathèse a déjà pu entraîner ; vous rétablirez une nutrition normale ; vous régulariserez les échanges organiques, et, de la sorte, vous empêcherez ces enfants de verser dans toutes les localisations respiratoires, cutanées, vasculaires ou autres, contre lesquelles vous auriez, plus tard, à lutter, souvent en vain.

Le *Mont-Dore* est donc, tout d'abord à titre préventif, la véritable station des enfants, depuis la plus tendre enfance même, jusqu'à l'adolescence confinant à l'âge adulte. Comme l'a si bien dit le professeur LANDOUZY, vous obtiendrez par cette cure thermale « préventive » et rédemptrice » appliquée en temps opportun la correction des « plis fonctionnels défectueux qui s'impriment si si facilement et si profondément pendant toute la période de croissance ».

Affections de l'appareil respiratoire

La spécialisation fonctionnelle principale du *Mont-Dore* est incontestablement d'ordre respiratoire. C'est chez les malades atteints d'affections respiratoires, congestives ou spasmodiques, chez les divers infectés ou intoxiqués, tousseurs invétérés, dyspnéiques, adénopathiques, chez tous les enfants traînant depuis de longs mois des séquelles d'une coqueluche ou d'une rougeole ou d'une grippe prolongée, c'est chez tous ces sujets que le *Mont-Dore* nous donnera les plus beaux résultats.

Là aussi nous devrons envoyer, à cause précisément de cette double spécialisation respiratoire et antiarthritique, les sujets prédisposés à la bacillose ou même déjà touchés par le bacille de Koch, à la condition bien entendu d'observer certaines règles dont nous parlerons tout à l'heure.

Enfin, c'est grâce aux beaux succès obtenus dans les cas d'asthme que le *Mont-Dore* a acquis une réputation mondiale.

Nous devons donc examiner maintenant quelles seront les indications qui nous guideront pour l'envoi vers cette Station de nos petits malades touchés en un point quelconque de leur arbre respiratoire. Nous rappelant l'effet sédatif, antispas-

modique de l'Eau mont-dorienne, agissant d'une
façon tout à fait élective sur le système nerveux
de l'appareil respiratoire, d'où résulte très vraisem-
blablement l'effet décongestif si remarquable de
cette Eau, on conçoit que la plupart des manifestations respiratoires de l'arthritisme, de cette
diathèse congestive, comme disait SÉNAC, bénéficieront largement de cette Station. Et cette consi-
dération même nous permettra d'éliminer les
malades qui, anatomiquement si l'on peut dire,
ressemblent aux « arthritiques respiratoires »,
mais qui s'en distinguent par l'origine de leur affection. Nous reviendrons, d'ailleurs, plus loin, sur
ce point.

En somme, nous devrons diriger vers le *Mont-
Dore* les enfants, *quel que soit leur âge*, qui seront
affectés dans leur arbre respiratoire et qui seront
entachés de neuro-arthritisme.

Voies respiratoires inférieures. — Voici, pour
commencer, un enfant, d'une hérédité arthritique
très chargée. On nous l'amène parce qu'il s'enrhume
à tous propos ; il est constamment enchifréné, et il
a présenté à plusieurs reprises des accès de faux-
croup. Quand on le déshabille, quand on le lave,
quand il s'expose à un courant d'air même banal,
il éternue, et ces *accès* d'éternuement se reproduisent
plusieurs fois dans la journée. Assez souvent, ce
coryza s'accompagne de fièvre et le catarrhe gagne
le naso-pharynx. On lui a déjà gratté le cavum,
coupé les amygdales, et malgré cela il continue à
tousser et à présenter ces accidents de catarrhe des

voies supérieures contre le retour desquels toute médication a échoué, et qui ont pour caractère primordial et bien tranché de se produire soudainement, d'être extrêmement mobiles, et de disparaître assez vite pour revenir à la moindre occasion.

Le cas est ic' typique. N'allons pas nous attarder dans une thérapeutique antiseptique quelconque visant la désinfection du naso-pharynx. N'envoyons pas de tels malades aux laryngologistes avec lesquels ils n'ont rien à faire ; les cautérisations, les interventions quelles qu'elles soient, sont tout à fait inopérantes et ne peuvent même qu'être nuisibles. Ces enfants ne sont pas justiciables d'une cure d'eau sulfureuse. Ils sont, en revanche, considérablement améliorés et guéris par un traitement au *Mont-Dore*.

Non seulement les procédés de traitement que nous avons cités plus haut, boissons et inhalations surtout, seront très efficaces, mais la douche nasale gazeuse, à l'aide des gaz qui se dégagent spontanément des Eaux, produit sur la muqueuse nasopharyngée une action sédative et décongestive tout à fait remarquable.

Dans d'autres cas, la cure du *Mont-Dore* est encore très utile, chez les enfants atteints de *coryzas chroniques purulents*, d'*ozène*, de *suppurations chroniques du naso-pharynx*, de *pharyngites chroniques*, d'*hypertrophie chronique des amygdales*.

Mais ici il faut bien distinguer, et savoir choisir les malades qui bénéficieront largement de la cure mont-dorienne, et ceux qui, au contraire, se trou-

veront mieux d'aller à Enghien ou dans toute autre
Station sulfureuse.

Voici, par exemple, un enfant de 7 à 8 ans,

COSTUME DU MONT-DORE.

fortement anémié, respirant mal par le nez, à
thorax déformé et étroit; il porte au cou et dans
les aisselles de nombreux ganglions hypertrophiés;
en l'auscultant, nous décelons de l'adénopathie

trachéo-bronchique. Tous ces phénomènes sont causés et entretenus par une suppuration permanente dans le naso-pharynx. On a bien enlevé des végétations, mais la muqueuse naso-pharyngée reste infectée dans sa profondeur et l'enfant continue à s'intoxiquer. D'aspect vénitien, lymphatique, sans énergie, il a des antécédents héréditaires très chargés et nous craignons pour lui l'invasion tuberculeuse, si elle ne s'est déjà effectuée.

Cet enfant doit aller au *Mont-Dore*. Là on opérera non seulement la désinfection et le « blanchiment » de son naso-pharynx, mais encore l'Eau agira sur son état général, ranimera toutes les fonctions languissantes, modifiera profondément le terrain, et si l'on sait plus tard continuer le traitement par une cure d'eau à domi ile, on verra ce petit malade revenir complètement à la santé et guérir totalement.

En revanche, voici un gros garçon, vigoureux, d'apparence excellente, mangeant bien, mais porteur depuis plusieurs années d'une suppuration du rhino-pharynx consécutive à des lésions nasales ou à des végétations adénoïdes trop longtemps conservées. Chez ce petit malade, nous pensons que le traitement sulfureux sera plus particulièrement indiqué et amènera une désinfection rapide de la muqueuse malade et sa décongestion.

Voies respiratoires inférieures. — Mais les affections respiratoires supérieures sont loin d'être les seules qui soient justiciables du *Mont-Dore*.

Tous les enfants, même les plus jeunes, porteurs
de *séquelles grippales ou autres*, tousseurs invétérés à la suite de la grippe, de la rougeole ou de la
coqueluche, se trouveront très bien d'un séjour
en cette Station.

Nous avons dit plus haut combien toutes les
manifestations respiratoires de l'arthritisme étaient
justiciables de ce traitement thermal. Chaque fois
que cette diathèse sera en cause chez un enfant
atteint de bronchite chronique, de congestion
pulmonaire à répétitions, d'asthme, de bronchor-
rhée, etc..., le *Mont-Dore* sera merveilleusement
efficace et devra être préféré à toute autre thérapeutique

Voyez, par exemple, ce petit malade, fils de
goutteux ou de graveleux (ou ayant dans ses
antécédents héréditaires toute autre tare d'arthritisme); il fait tous les hivers, plusieurs fois même
par saison, des bronchites subites, pourrait-on
dire; à peine un léger coryza s'est-il manifesté
qu'en une nuit, en quelques heures se sont constitués tous les autres symptômes : fièvre intense,
dyspnée, râles disséminés musicaux et ronflants,
sécrétion bronchique très abondante au bout de
vingt-quatre heures. On est effrayé; on redoute,
quand on n'est pas prévenu, des complications
de bronchite capillaire, lorsque tout à coup les
accidents cessent comme par enchantement aussi
vite qu'ils se sont produits. L'enfant a fait sur
sa muqueuse bronchique comme une décharge de
produits toxiques, que ses organes d'excrétion

n'arrivent pas à éliminèr, et dont l'abondance tient précisément aux vices originels de sa nutrition.

C'est bien là une *bronchite arthritique* congestive. Conduisez cet enfant au *Mont-Dore*; soignez-le à domicile avec l'Eau du *Mont-Dore*, et vous le guérirez, alors que toute pharmacopée restera impuissante.

Dans un autre cas, un confrère nous appelle auprès d'un petit malade qui, brusquement, a été pris de fièvre et de dyspnée, avec point de côté très violent. Il a constaté un foyer de râles crépitants très fins, du souffle, et il diagnostique une pneumonie, ou une broncho-pneumonie. C'est en effet le diagnostic qui s'impose à première vue. Mais quelle n'est pas la stupéfaction de tout l'entourage de constater qu'en vingt-quatre ou quarante-huit heures tout rentre dans l'ordre, et disparaissent ces phénomènes pseudo-pneumoniques, qui n'étaient en réalité que de la *congestion arthritique*.

Il faut bien apprendre à connaître cette variété de congestion pulmonaire; elle nous indique formellement de conduire ces petits malades au *Mont-Dore* qui, en modifiant leur terrain, empêchera le retour de ces accidents.

Nous arrivons à *l'asthme* dont le traitement si efficace a consacré depuis longtemps la réputation mondiale du *Mont-Dore*. Nous n'entendons parler ici que de l'asthme infantile.

Cette forme particulière de l'asthme n'est pas, comme chez l'adulte, toujours facile à diagnostiquer, surtout lors des premières crises ou lorsque le malade vous est amené pour une première fois. Ici l'asthme est toujours humide, catarrhal, et l'on peut aisément le confondre avec toutes les affections aiguës de l'appareil respiratoire.

Nous n'avons pas à insister. Tout le monde connaît le tableau clinique de l'asthme infantile· Il s'agit d'un enfant de 4 à 5 ans, ou plus jeune, s'enrhumant avec une extrême facilité. Depuis quelques jours, il tousse, lorsque, subitement, au milieu de la nuit, la dyspnée s'installe, très intense, inquiétante même. Le malade est très abattu, cyanosé parfois, ou très pâle. On trouve alors une véritable inondation de râles musicaux, avec des râles humides plus ou moins fins; le pouls est rapide et petit.

Assez rapidement, la dyspnée disparaît, une très notable accalmie survient en vingt-quatre ou quarante-huit heures, mais, fait aussi tout particulier à l'enfance, il persiste un certain temps des râles humides dans les bronches.

Le diagnostic, nous le répétons, n'est pas aisé; surtout qu'il y a des formes frustes, des cas atypiques, ou la dyspnée spasmodique, par exemple, est peu marquée, et où le catarrhe prédomine. Toutefois, on s'appuiera sur le caractère fugace, écourté, des symptômes dyspnéiques et spasmodiques, sur l'extension rapide, brutale, disons-nous, du catarrhe à tout l'arbre bronchique, sur le peu d'intensité de la fièvre, pour reconnaître qu'il s'agit bien de l'asthme infantile, lequel sera justiciable de la cure mont-dorienne, susceptible, seule, d'en empêcher le retour.

Nous partageons volontiers l'opinion de SCHLEMMER qui considérait l'asthme ou plutôt la crise d'asthme comme résultant de la viciation humorale des arthritiques. Il nous semble que sur le terrain nerveux que présentent toujours de tels enfants, sur ce terrain arthritique également qu'on retrouve toujours, la facilité à faire des spasmes sous l'influence de la moindre irritation banale nous explique l'apparition de l'accès.

L'enfant élimine constamment par sa muqueuse bronchique les poisons humoraux qu'il fabrique en abondance de par son tempérament et qu'il élimine mal par ses émonctoires habituels. Vienne alors une cause irritante quelconque, un coryza, un refroidissement au toute autre chose, le spasme se produit et la crise éclate. Et ce qui semble bien prouver qu'il s'agit ici d'une décharge subite de poisons sur la muqueuse respiratoire, c'est la soudaineté d'apparition en même temps que la rapidité de la guérison des accidents.

Nous ne pensons pas que l'on puisse appliquer à tous les cas d'asthme infantile la théorie de l'infection tuberculeuse préconisée par M. le professeur LANDOUZY. Quand nous voyons si souvent de petits eczémateux guérir de leur affection cutanée pour faire des crises d'asthme, et présenter à nouveau une poussée d'eczéma quand l'asthme s'est éteint; quand nous observons de petits asthmatiques qui deviennent des migraineux, alors que l'asthme ne reparaît plus, ou encore verser dans les vomissements acétonémiques et ne plus jamais présenter le moindre accès respiratoire, nous sommes bien contraints de penser que la tuberculose n'est pour rien dans leurs manifestations diathésiques.

Oh! certes, il y a beaucoup d'asthmatiques

SALLE DES PAS PERDUS DE L'ÉTABLISSEMENT THERMAL

tuberculeux. Mais cela veut dire simplement que la tuberculose est presque partout, comme la syphilis, d'ailleurs, ce qui ne nous paraît pas impliquer nécessairement que toutes les manifestations morbides que pourront présenter ultérieurement ces petits tuberculeux ou ces petits syphilitiques seront d'ordre bacillaire ou dues au spirochète.

Nous ne nions pas, loin de là, qu'il n'y ait des

cas d'asthme liés intimement à la tuberculose,
Nous pensons même que ces faits sont assez fréquents. Mais nous croyons aussi qu'il y a beaucoup
d'asthmatiques indépendants de la bacillose,
*même s'il y a chez eux une localisation bacillaire
quelconque.*

Au reste, au moment où fut lancée l'ophtalmo-
réaction à la tuberculine, nous fûmes amené à
instiller la tuberculine dans l'œil d'un certain nombre d'asthmatiques. Onze enfants furent ainsi
observés. Sur ces onze, sept réagirent positivement
et cependant aucun de ces sept ne nous parut
devoir ses crises d'asthme à l'infection tuberculeuse.
Nous faisons, dans tous les cas, remarquer que
quatre ne réagirent pas; donc ils devaient être
considérés comme indemnes. Ils étaient tous
quatre âgés de moins de deux ans, et par suite
avaient eu moins de temps pour être exposés à
l'infection bacillaire.

Quoi qu'il en soit de la théorie pathogénique
de l'asthme infantile, il n'en est pas moins vrai
que la cure mont-dorienne est éminemment efficace et produit des résultats curateurs vraiment
merveilleux.

Mais nous tenons à protester ici contre le scepti-
cisme de certains parents ou de certains confrères
qui se sont découragés parce qu'après une saison
ils ont vu réapparaître des crises d'asthme chez
leurs petits malades. Comment pouvez-vous avoir,
avec une seule saison de trois ou quatre semaines,
la prétention de corriger toute une hérédité, de

modifier un terrain et de guérir des manifestations congestives ou spasmodiques déjà parfois
invétérées? Il importe de bien faire comprendre à
la famille que l'enfant devra, pendant plusieurs
années, être conduit au *Mont-Dore*, et, dans l'intervalle des saisons, faire du traitement à domicile.
Et nous allons bien plus loin : alors même qu'un
enfant sera resté toute une année sans crise
d'asthme, alors qu'en apparence il sera guéri, on
a tout intérêt à faire une sorte de saison complé-
mentaire, en le conduisant aux Eaux une année
de plus. C'est une assurance que l'on prend contre
le retour offensif du mal. Nous ne devons jamais
oublier, en effet, que l'asthme disparu, une autre
manifestation d'arthritisme peut apparaître;
notre petit malade peut devenir un migraineux,
un vomisseur avec acétonémie. Aussi considérons-
nous que l'action du *Mont-Dore* doit se prolonger.
Si le syndrome « asthme » n'existe plus, la nutrition est sans doute encore défectueuse et troublée;
il faut la redresser, il faut activer les échanges,
il faut régulariser les excrétions et les sécrétions;
la cure thermale remplit toutes ces indications.

A côté de ces manifestations broncho-pulmonaires de l'arthritisme, nous devons considérer le
Mont-Dore comme une véritable *Station d'enfants*,
lorsqu'il s'agit d'y traiter certaines *bronchorrhées*,
certaines *bronchites chroniques*, l'*adénopathie-tra-
chéo-bronchique*, l'*emphysème pulmonaire*, et toutes
les séquelles des pleurésies, des broncho-pneu-

monies consécutives à la grippe, à la rougeole, à la coqueluche.

Ici encore la clinique devra être·notre guide suprême pour un choix judicieux des malades qui sont susceptibles de bénéficier de la Cure montdorienne, et de ceux qui, au contraire, se trouveront mieux d'une saison à *La Bourboule* ou dans une Station sulfureuse.

Voici par exemple, un enfant qui, consécutivement à une rougeole, a fait une broncho-pneumonie grave, à évolution prolongée. On a même craint, à un moment, l'envahissement bacillaire; mais, d'ailleurs, il est porteur d'une adénopathie trachéobronchique très manifeste. Depuis, il n'a jamais pu se rétablir complètement; on trouve toujours dans ses bases des râles humides; au moindre refroidissement il fait des poussées de bronchite, avec de la fièvre; il est essoufflé, ne peut jouer longtemps, se fatigue très rapidement.

En voici un autre qui, à la suite d'une pneumonie grippale, a présenté de la pleurésie purulente qu'il a fallu opérer. Il a guéri. Mais il lui reste de la rétraction de l'hémithorax, le poumon est encore enserré dans une coque membraneuse épaisse et des adhérences en restreignent le jeu normal.

Un troisième nous est amené parce qu'à la suite d'une coqueluche violente, de longue durée, il continue à tousser, d'une toux spasmodique, quinteuse. L'examen nous montre de l'adénopathie bronchique et une dilatation des bronches.

Ces trois enfants sont des nerveux; ils sont encore

cependant assez vigoureux; ce sont des neuro-arthritiques et non des lymphatiques, des stru-meux, dont l'expectoration n'est pas très abon-dante, et est au contraire plutôt difficile, au lieu d'être purulente et épaisse. Les signes cliniques sont surtout caractérisés par des râles muqueux particulièrement localisés aux bases.

Envoyez ces malades au *Mont-Dore*; et là, grâce aux inhalations, à la boisson, aux divers procédés de traitement, grâce aussi à la cure climatique qu'ils feront une grande partie de la journée sur le plateau du Capucin, vous les verrez revenir absolument transformés.

Les autres, les lymphatiques, les strumeux, à grosses lésions suppurantes, seront plutôt justi-ciables de *La Bourboule*, et aussi de cures sulfu-reuses, dont nous n'avons pas à nous occuper pour le moment.

Mais, surtout, réagissez dans tous ces cas plus peut-être que chez d'autres malades, contre cette coutume sans raison qui veut que les patients ne restent que vingt et un jours dans la Station. Chez ces petits malades, il convient spécialement de prolonger la cure, ou au moins le traitement clima-tique. Vous laisserez à nos confrères du *Mont-Dore* le soin d'apprécier si le traitement thermal proprement dit doit être appliqué plus longtemps; mais, à n'en pas douter, les enfants bénéficieront très largement d'un long séjour dans ce climat parfait et si réconfortant.

L'*emphysème pulmonaire* est aussi très efficacement soigné au *Mont-Dore*. On sait que cette affection est une complication presque fatale des bronchites à répétition, de la coqueluche spécialement, dans laquelle les lésions emphysémateuses sont souvent très étendues.

Voyez ce petit malade qui a présenté de la broncho-pneumonie à résolution lente, ayant duré cinq à six semaines et plus ; vous constatez que la sécrétion bronchique persiste ; il garde en permanence des râles muqueux, une dyspnée d'effort plus ou moins accentuée. L'examen de la poitrine vous montre une sonorité exagérée, en avant, en arrière, au milieu. L'emphysème est indéniable.

On aurait tort de renoncer à guérir ces lésions. Il n'en est pas ici, comme chez l'adulte où l'emphysème est incurable. Grâce à une hygiène respiratoire bien comprise sur laquelle nous n'avons pas à insister ici, grâce surtout au *Mont-Dore*, vous guérirez vos petits malades ou, tout au moins, vous les améliorerez d'une façon très appréciable. Chez l'enfant, en effet, la lésion emphysémateuse n'est que la conséquence de la toux, de la bronchite, de la dilatation bronchique, de l'adénopathie. Guérissez ces dernières par le *Mont-Dore* et vous verrez le tissu pulmonaire reprendre son entière élasticité. L'organisme de l'enfant a des ressources de régénération que ne possède pas celui de l'adulte et il n'est pas rare, pour ne prendre que cet exemple, de voir guérir des dilatations bronchiques qui, chez l'adulte, seraient absolument incurables.

Mais, encore une fois, comme nous l'avons dit plus haut, on ne doit pas s'imaginer que de tels résultats s'obtiennent en une fois et avec une cure de trois semaines. Il faut des cures prolongées, répétées plusieurs années, avec du traitement à domicile par l'Eau du *Mont-Dore.*

Il est bien entendu que nous n'entendons pas

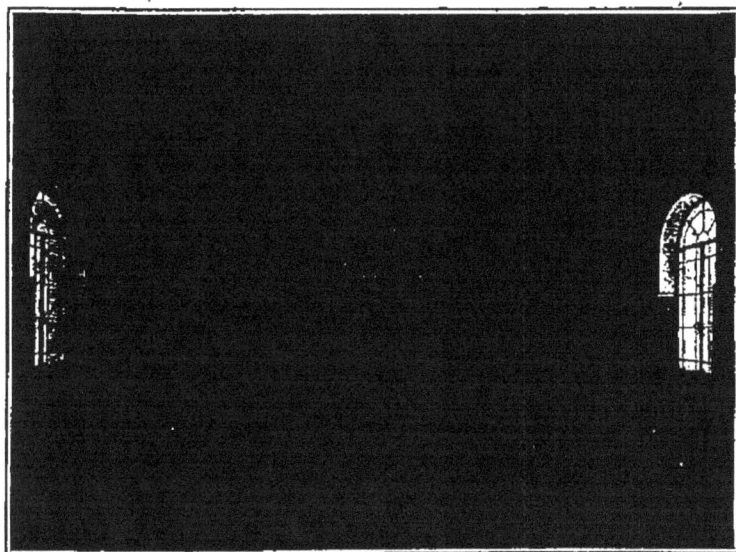

SALLE D'INHALATION.

parler ici de ces emphysèmes à grandes lésions invétérées, très étendues, avec des complications cardiaques. Ces cas ne sont pas justiciables du *Mont-Dore.* Mais, d'ailleurs, ils sont exceptionnels chez l'enfant.

Tuberculose pulmonaire. — Nous arrivons au

point le plus délicat des indications de la Cure mont-dorienne, à la *tuberculose pulmonaire*.

On sait aujourd'hui que la localisation pulmonaire de la tuberculose est fréquente chez l'enfant, même dans le tout jeune âge. Dans beaucoup de circonstances les eaux minérales, et particulièrement le *Mont-Dore*, seront une ressource précieuse pour la thérapeutique.

Mais, ici, il faut être très prudent et avoir bien pesé toutes les indications fournies par un examen clinique approfondi. Il ne faut jamais perdre de vue qu'une cure thermale mal orientée, mal appliquée, peut favoriser l'évolution de la bacillose et aggraver les lésions.

La première des contre-indications, car elle est absolue, réside dans l'état aigu ou subaigu de la maladie. La fièvre, l'éréthisme vasculaire, les troubles digestifs sont des symptômes qui doivent faire rejeter tout traitement thermal. Nous n'entendons certes pas ici proscrire la fièvre vespérale, corollaire habituel de toute tuberculose, fièvre plus ou moins élevée; pas plus que nous ne voulons éliminer ces arthritiques qui font parfois de légères hémoptysies, ni ces dyspepsies qui sont le cortège fréquent de l'infection bacillaire. Nous ne rejetons que les fièvres continues, celles où la réaction fébrile prime la lésion ; nous ne repoussons que les manifestations d'éréthisme cardio-vasculaire caractérisées par une tachycardie en dehors de toute fièvre et témoignant d'une profonde imprégnation par le poison tuberculeux, aussi bien que ces diarrhées tenaces avec sueurs profuses, qui sont l'indice, habituellement, du début de la cachexie.

Si, au contraire, l'état général est bon, si la fièvre est modérée et n'a qu'une importance tout à fait secondaire, les cures thermales deviennent très utiles. Elles agissent énergiquement sur le terrain tuberculisé, en même temps qu'elles produisent sur le parenchyme pulmonaire un effet décongestionnant, sédatif et cicatrisant. D'autre part, elles ont une action particulièrement efficace, ce qui est loin d'être à dédaigner, sur toutes les lésions d'infection secondaire, sur les congestions pérituberculeuses, sur les sécrétions bronchiques et sur les adhérences pleurales. L'activité respiratoire est accrue, le champ de l'hématose est élargi, les échanges organiques sont améliorés, toutes conditions excellentes, n'est-il pas vrai, pour favoriser la guérison de la tuberculose.

Les tuberculeux qui se réclament particulièrement du *Mont-Dore* sont ceux qui font, avec un bon état général et presque sans fièvre, de la congestion du sommet ou de la pleurite.

Les formes légèrement congestives et spasmodiques, ces bronchites à répétition du sommet, avec ou sans adénopathie bronchique, doivent être dirigées vers le *Mont-Dore*; les Eaux exercent une action sédative et décongestive sur ces lésions de début.

Les bacilloses d'origine pleurale, celles qui ont

une tendance évolutive nettement fibreuse se trouveront aussi très bien des Eaux de cette Station.

On devra y envoyer ces enfants d'origine arthritique, d'aspect floride et vigoureux, tousseurs invétérés cependant, présentant une grosse adénopathie trachéo-bronchique, sans grande réaction sur l'état général.

Nous n'avons pas besoin d'insister sur la nécessité d'envoyer au *Mont-Dore* les prédisposés, les suspects, les prétuberculeux, ou, du moins, ceux qu'on qualifie tels, et qui ne sont, en réalité, que des tuberculeux latents. Nous ne parlons pas de ces prétuberculeux, d'aspect lymphatique ou strumeux, pâles, anémiques, torpides à l'excès, avec de la micropolyadénopathie, maigres, à thorax étroit, rétréci dans le haut et élargi dans le bas. Ces enfants doivent plutôt aller à *La Bourboule*. Nous réserverons pour le *Mont-Dore* les prétuberculeux à type congestif, éréthiques, présentant ces crises d'asthme liées nettement à une tuberculose ganglionnaire ou pulmonaire minime.

On peut, d'après tout ce que nous venons de dire, se rendre compte que le domaine du *Mont-Dore* est immense en thérapeutique infantile, puisque, comme le disait le professeur Landouzy (1) : « Il « a le droit de revendiquer, avec les arthritiques » pulmonaires, tous les *arthritiques respiratoires* » chez lesquels il agit par prévention et par cura- » tion ; par prévention en empêchant les troubles

_____

(1) Conférence faite au *Mont-Dore*.

» fonctionnels de devenir organiques ; par curation
» en réduisant les rhinopathies, les pharyngopa-
» thies, les laryngopathies et les bronchopathies en
» évolution commençante. Grâce à son altitude,
» cette Station n'a pas de vraie rivale ; car les Eaux
» de l'Étranger, que l'on recommande et que l'on
» vante dans les affections des voies respiratoires,
» pour bienfaisantes qu'elles soient, pour analo-
» gues qu'elles soient en tant que composition
» minérale, pour comparables qu'elles soient
» comme spécialisation respiratoire, le cèdent
» toutes au *Mont-Dore*, en ce sens que la cure s'y
» fait en dehors de l'élément climatérique ».

Sauf Weissenburg (Oberland bernois, 980 m.),
aucune Station de l'étranger (Wiesbaden, Kissingen
Ems, Kreuznach) ne dépasse 400 mètres et ne
possède, par conséquent, les caractères bienfaisants
du climat d'altitude.

Il est donc de toute évidence que les enfants
d'arthritiques, qui sont légion, doivent venir peu-
pler le *Mont-Dore* qui est véritablement un instrument merveilleux de puériculture.

CURES A DOMICILE

A plusieurs reprises, nous avons parlé de cures
à domicile et nous avons insisté sur l'intérêt qu'il
y a pour les malades à prolonger la cure faite à
l'établissement par des périodes de traitement
dans le courant de l'année à l'aide de l'Eau du
Mont-Dore.

Il est une très mauvaise idée enracinée dans l'esprit du public autant que chez le médecin, à savoir que les cures thermales à domicile n'ont aucune efficacité et qu'il est inutile de les prescrire ou de les suivre, le résultat étant tout à fait aléatoire.

Nous ne saurions trop protester contre une telle opinion aussi erronée qu'injustifiée. Ceux qui émettent cette assertion n'ont certainement jamais essayé de suivre ou de faire suivre *rationnellement* une cure d'Eaux à domicile. Ils ignorent que pour ces traitements *d'inter-saison*, il est des règles et des indications qu'il convient d'observer de très près.

Nous voulons donc réagir contre cette façon de faire, et démontrer que les traitements à domicile, s'ils n'ont évidemment pas toute l'énergie des traitements dans la Station, sont cependant d'une très grande utilité. A notre avis, les uns ne vont pas sans les autres. La cure à la Station procure le summum d'effet thérapeutique; le malade en retire très rapidement un soulagement important. Mais la durée en est toujours, forcément même, trop courte, et a besoin d'être renforcée par une prolongation d'influence thérapeutique qui s'obtient par les cures à domicile.

Nous considérons en somme qu'à la base de tout traitement thermal doit exister le séjour auprès des Sources. C'est la partie indispensable, primordiale du traitement; mais elle n'est pas tout; il faut compléter la cure par des périodes de traitement tout au long de l'année, périodes judicieusement choisies, traitement rationnellement ordonné. C'est là une notion très importante de thérapeutique hydrominérale que nous voudrions voir bien pénétrer dans tous les esprits. Est-il possible de dire que les eaux si minéralisées de La Bourboule, de Châtel-Guyon n'ont plus aucune action quand elles sont prises loin du griffon? Est-il vraisemblable d'admettre que les eaux sulfureuses d'Enghien, de Cauterets, de Luchon, etc..., que les Eaux de Salies, de Vichy, de Vals, comme toutes les autres, d'ailleurs, ont perdu leur efficacité, parce qu'elles sont embouteillées? La pratique journalière nous démontre le contraire. Il est donc, à notre avis, très utile d'indiquer aux praticiens comment ils doivent couramment prescrire chez eux les cures d'Eaux minérales.

Et puisque nous sommes au chapitre du *Mont-Dore*, nous dirons que les Eaux de cette Station, parfaitement embouteillées, se conservent intactes pendant très longtemps.

On les recommandera dans la convalescence de toutes les maladies ayant porté leur action sur l'arbre respiratoire. Un enfant a-t-il fait, après une rougeole ou une coqueluche, une broncho-pneumonie ou une bronchite plus ou moins traînante? on aura un très grand intérêt à lui prescrire de l'Eau du *Mont-Dore* en boisson.

Et lorsque le petit malade reviendra de la Station il faudra, au début de l'hiver, vers le mois de novembre, puis ensuite vers le mois de mars, lui prescrire une cure de trois à quatre semaines. Nous avons pu

observer des enfants revenus de la Station
améliorés, mais chez lesquels les cures à domicile
ont parfait le résultat en complétant, en
accentuant l'orientation salutaire donnée par la
saison faite pendant l'été.

Evidemment on ne peut appliquer toutes les
méthodes thérapeutiques usitées dans l'établissement thermal, et nous ne pouvons compter ici que
sur la boisson et les pulvérisations.

On prescrira aux petits malades l'eau *à jeun*, et
tiédie au bain-marie. Les doses varieront suivant
l'âge.d'abord et suivant la maladie qui nécessite le
traitement.

Si, par exemple, nous avons affaire à un enfant
de 6 à 7 ans, convalescent d'une affection respiratoire grave, on prescrira 150 grammes d'Eau
à prendre le matin, à midi, et le soir, une demi-heure
avant le repas.

S'il s'agit d'un traitement consécutif à une saison
faite au *Mont-Dore*, il faudra s'en rapporter aux
prescriptions des médecins de la Station. Mais, nous
devons bien le constater à regret, ces derniers
n'emploient pas assez les traitements d'*inter-
saisons*. Aussi, en cas d'absence de prescription de
leur part, nous ordonnerons, en novembre, et en
mars, l'eau en boisson le premier jour à la dose de
150 grammes, puis on ira en progressant jusqu'à
5 à 600 grammes par jour, on restera huit jours à
cette dose maxima, pour revenir à la dose initiale,
en descendant progressivement. Ces doses seront
toujours prises entre les repas.

Il sera aussi très utile d'adjoindre à ces boissons une cure de pulvérisations, à l'aide d'un pulvérisateur ordinaire, d'usage courant, un quart d'heure tous les matins, pendant trois à quatre semaines, deux fois dans l'inter-cure.

Pour ces boissons et ces pulvérisations, on se servira de la *Source Madeleine* ou de la *Source César*.

CONTRE-INDICATIONS

Nous n'avons pas à écrire longuement sur les contre-indications de la cure mont-dorienne chez l'enfant. Tout ce que nous avons écrit plus haut des indications thérapeutiques suffira, nous l'espérons, à guider le praticien.

Nous nous contenterons donc de dire qu'il faudra s'abstenir d'y envoyer les enfants dont le foie ou le rein est touché, ainsi que ceux qui présenteraient des troubles cardiaques graves mal compensés.

On se souviendra aussi que les arthritiques sont souvent des nerveux. Or les tempéraments particulièrement irritables, les nerveux à l'excès se trouvent mal de l'altitude. Il faudra donc leur interdire le *Mont-Dore*.

Nous avons assez parlé des cas de tuberculose qu'on pouvait y adresser pour n'avoir pas besoin d'y revenir ici.

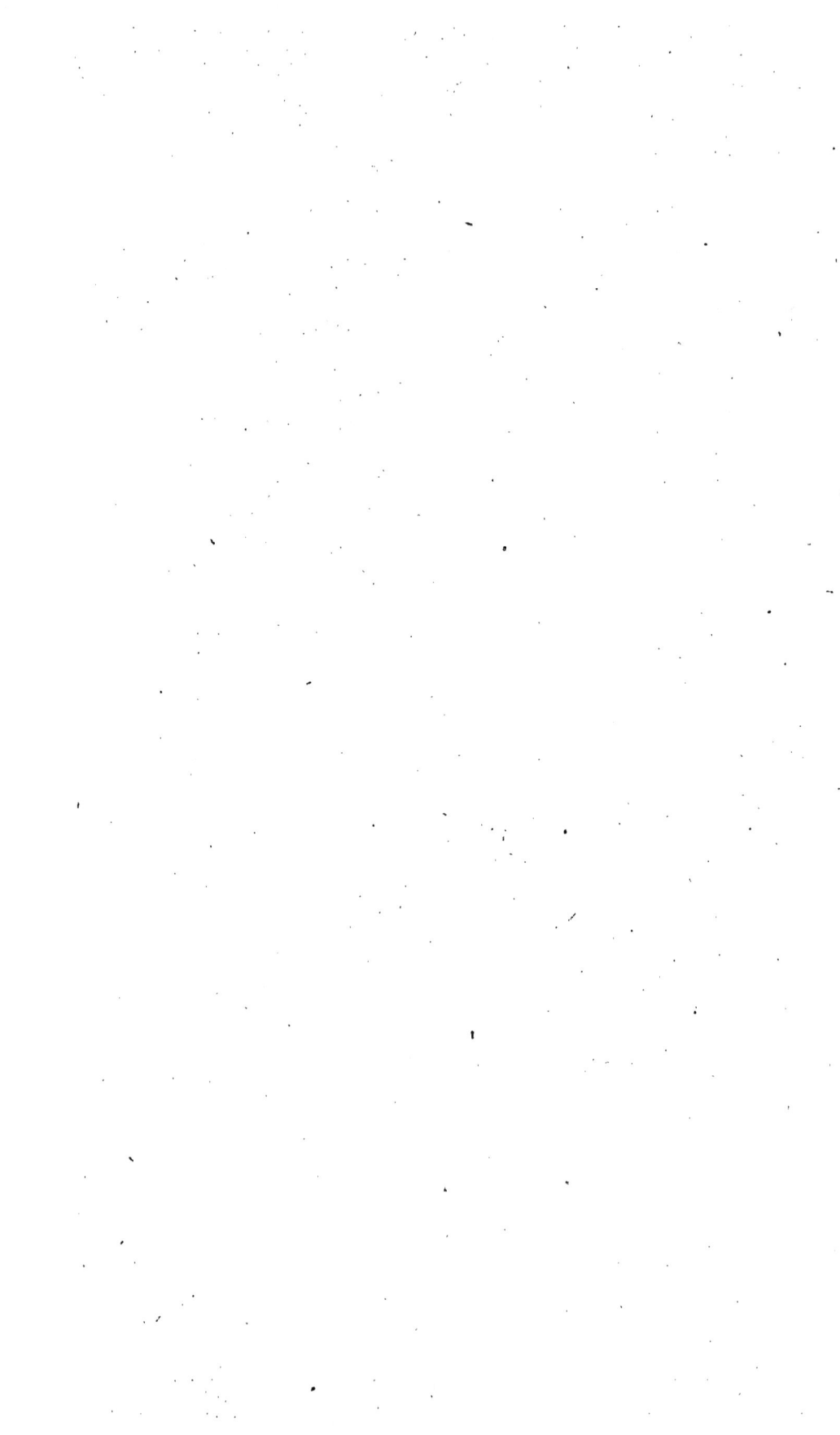

LA BOURBOULE (Puy-de-Dôme)

Combien de fois n'avons-nous pas été consultés pour savoir s'il ne conviendrait pas d'envoyer à la mer, à la montagne, à Salies-de-Béarn, à Biarritz,

VUE GÉNÉRALE DE LA BOURBOULE.

ou dans d'autres Stations similaires, tel ou tel enfant scrofuleux, lymphatique, anémique, de nutrition languissante, avec ses ganglions hypertrophiés un peu partout! Et, chose extraordinaire, on oublie qu'à côté de ces Stations, il en existe une qui remplit toutes les indications que présentent les types morbides que nous venons d'énumérer, puisqu'elle aussi est fortement chlorurée sodique, et qu'en outre elle a l'avantage de posséder à un très haut degré une action reconstituante due à la présence de grandes quantités d'arsenic dans son Eau. C'est *La Bourboule*, le paradis des scrofuleux et des lymphatiques, paradis où il devrait y avoir beaucoup plus d'appelés, parce que tous les appelés deviendraient des élus.

Il y a quelques années, *La Bourboule* n'était qu'un petit village du Puy-de-Dôme; elle est aujourd'hui une Station de tout premier ordre.

Placée au fond d'une vallée, elle est entourée de montagnes qui la ferment à peu près complètement du côté du Nord, du Sud et de l'Ouest. En revanche, elle est très exposée et largement ouverte à l'Est, du côté du soleil levant, tandis qu'au Sud les montagnes plus basses, devenues de simples coteaux, sont recouvertes de forêts de hêtres et de sapins.

La ville est donc très abritée contre les vents; et en même temps très ensoleillée. Elle est située à 850 mètres d'altitude; mais, grâce à un funiculaire, on peut aller passer sa journée à 1.150 mètres sur le plateau de Charlannes, où les enfants, sur un vaste terrain, se livrent à tous leurs ébats dans un climat délicieux, et dans un site très pittoresque dont on ne s'arrache qu'à regret. Nous nous souvenons avoir passé là, en l'été de 1912, un après-midi délicieux; on peut, sur ce plateau, s'isoler à son gré ou se mêler à une très nombreuse et très gaie assistance; les sensations de bien-être sont exquises et au milieu des nombreuses clairières des bois on se prend à oublier, en rêvant, que le soir arrive et que l'on doit redescendre.

On conçoit que ce vaste espace de plus de mille hectares constitue un endroit idéal pour y faire une cure d'air qui vient compléter la cure thermale faite dans la matinée.

Nous n'avons pas ici à insister sur la valeur du climat d'altitude et sur le mode d'action physiologique d'un air aussi pur, et d'une luminosité aussi intense que celle qu'on trouve au plateau de Charlannes, sur l'organisme de nos petits débilités qui constitueut la clientèle prédominante des enfants à *La Bourboule*.

Ici le climat vient ajouter son action bienfaisante à celle des Eaux et agir dans le même sens que ces dernières, c'est-à-dire stimuler l'organisme des anémiques, des lymphatiques plus ou moins prédisposés à la tuberculose. Cette action synergique de l'Eau et du climat n'est donc pas un des moindres avantages de la Station.

Les Eaux de *La Bourboule* forment, par leur température, deux groupes bien distincts. Les unes sont chaudes, telles celles fournies par les sources *Choussy-Perrière* et *Croizat*, qui sont les plus importantes et les plus employées, et les autres froides : Source Fenestre (nº 1 et nº 2),

Source Clémence, Source Henry, Source Marie-Rose.

Ces deux dernières sont inutilisées ; les sources Fenestre s'emploient surtout en boisson, soit dans l'établissement, soit comme eaux de table, ou encore pour couper les eaux chaudes dans l'administration des bains.

Nous nous occuperons surtout des Sources dominantes de la Station, les Sources hyperthermales de Choussy-Perrière et de Croizat.

Ce sont des Eaux essentiellement arsenicales fortes, chlorurées et bicarbonatées sodiques. Au point de vue arsenical, elles se classent tout à fait en tête des Eaux minérales françaises, et même étrangères si l'on élimine les Eaux Levico et Roncegno qui contiennent des sels dangereux.

La Source Croizat, qui n'est exploitée que depuis quelques années, n'a que 41° et ne contient que 0.0171 d'arséniate de soude par litre. Mais elle est cependant plus minéralisée que la Source Choussy-Perrière, puisque sa minéralisation totale est de 9,8439 (au lieu de 6,4997). Cela est dû surtout à la grande quantité de chlorure de sodium (5,6363 au lieu de 2,84) qu'elle contient, ce qui, à notre avis, permet de l'appliquer dans des cas bien déterminés chez certains scrofuleux et rachitiques, pour lesquels le traitement chloruré sodique intensif est tout indiqué.

Voici l'analyse comparative de ces deux Sources :

	Source Choussy-Perrière (58°)	Source Croisat (41°)
Arséniate de soude	0.02847	0.0171
Bicarbonate de soude	2.8920	1.8754
Chlorure de sodium......	2.8406	5.6363
Chlorure de potassium ...	0.1623	»
Chlorure de magnésium...	0.0320	»
Bicarbonate de chaux....	0.1905	0.6351
Sulfate de soude	0.2084	0.4101
Peroxyde de fer	0.0021	»
Acide silicique..........	0.1200	»
Acide carbonique libre ...	0.0518	»
Total.....	6.4997	9.8439

Si nous nous attachons surtout à la composition arsenicale de ces Eaux qui a fait leur réputation aujourd'hui mondiale, nous voyons qu'un litre de Choussy équivaut à XXI gouttes de Liqueur de Fowler, et un litre de Croizat équivaut environ à XIII gouttes de Liqueur de Fowler. Si donc nous faisons suivre à un enfant un traitement de Croizat, nous ferons une thérapeutique ch'orurée intensive et arsenicale moyenne, avec Choussy nous aurons un traitement arsenical fort et chloruré moyen. Mais nous nous hâtons d'ajouter qu'avec les Eaux thermales qui sont *vivantes* il en est tout autrement qu'avec les médicaments de la Pharmacopée; des doses minimes d'Eaux agissent mieux que de fortes doses de médicaments et il ne nous sera pas besoin de donner un litre de l'une ou l'autre des Sources pour obtenir les effets obtenus par les doses massives de Liqueur de Fowler ou de chlorures.

C'est qu'en effet les Eaux de *La Bourboule*, comme toutes les eaux thermales, sont radioactives et contiennent des gaz rares, qui semblent leur donner leurs propriétés vivantes si spéciales. En 1909, Laborde a trouvé une très forte radio-activité de 1.78 milligramme-minute d'émanation du radium pour l'eau de Choussy, et de 11,02 pour ses gaz, quatre jours après prélèvement, ce qui correspond au griffon à 3.56 pour l'eau et 22.04 pour les gaz; c'est la plus forte radioactivité connue pour les Eaux minérales après Gastein (Autriche).

L'analyse des gaz rares a été faite par Moureu et il en résulte qu'annuellement le griffon Choussy déverse dans l'atmosphère 3 mc. 153 d'hélium. Le griffon Perrière a sensiblement le même débit. C'est donc 6 mc. d'hélium qui sont donnés par ces Sources. C'est là un chiffre considérable qui n'est dépassé que par Bourbon-Lancy qui, avec ses 10 mc. par an d'hélium, est considéré comme une véritable mine d'hélium par Moureu.

Nous connaissons le *médicament* employé à *La Bourboule*. Voyons maintenant comment il est administré :

Les établissements thermaux où le traitement est appliqué sont au nombre de trois : l'établissement des *Thermes*, l'établissement *Choussy* et l'établissement *Mabru*. Ils correspondent à trois classes, et offrent ainsi aux familles les modes de traitement les plus perfectionnés et les plus com-

plets, mis à la portée de toutes les catégories
sociales et de toutes les ressources, variant les conditions de confort et de prix, mais ayant tous une
parfaite hygiène et une rationnelle administration
thérapeutique.

L'Etablissement des *Thermes* est très vaste et
très luxueux. A l'extrémité d'un très beau hall
aboutissent les galeries de bains, comprenant 80
cabines réservées aux dames, et autant pour les
hommes.

Les cabines de consultation, les salles de douches
et d'hydrothérapie, de vapeur, de massage, et de
pesage s'ouvrent sur la salle des Pas-Perdus, au
centre de laquelle est installée la buvette.

Du côté opposé aux galeries de bains sont les
salles d'inhalation, de pulvérisation, de douches
nasales et ascendantes, etc...

Le procédé au moyen duquel est produite la
buée d'eau pour les inhalations est ici tout à fait
spécial. L'Eau de *La Bourboule* étant, en effet, fortement médicamenteuse, son absorption doit être
réglée et dosée très minutieusement. On n'ignore
pas que les pulvérisations d'une Eau thermale
produisent d'abord une action topique locale, due à
la buée elle-même, à sa thermalité, mais qu'en
outre il se fait une absorption médicamenteuse au
niveau de la muqueuse pulmonaire. Cette absorption a une importance capitale, car c'est grâce à
elle que la nutrition générale et les échanges organiques sont modifiés. A *La Bourboule*, cette absorption joue un rôle prépondérant, et c'est pour

cela qu'avec raison on a estimé qu'il valait mieux *pulvériser* l'eau au lieu de la réduire à l'état de vapeur. L'Eau minérale ici est *poudroyée, brumifiée*, pour employer l'expression adoptée par la Station, sous 85 atmosphères de pression, et son brouillard porte partout les vertus curatives complètes des sels qu'elle renferme; et c'est ainsi qu'on a pu dire que l'inhalation, à *La Bourboule*, est à la cure thermale ce que l'injection hypodermique est au cachet médicamenteux. Les salles d'inhalation de *La Bourboule* sont au nombre de quatre, très vastes, construites dans les meilleures conditions d'hygiène et de propreté. Pour éviter l'influence de la température extérieure, les murs des salles d'inhalations comportent des doubles parois dont l'intervalle, garni de serpentins de vapeur, est chauffé de façon à éviter le refroidissement et la formation de gouttelettes qui ne manqueraient pas de se produire au contact des parois revêtues intérieurement de céramique blanche. Le plancher et le plafond sont doubles et renferment également des matelas d'air à la température des salles.

La première salle a une température fixe de 28°; elle communique avec une seconde où la température s'élève à 30°.

Nous n'insisterons pas sur les autres détails d'installation. Contentons-nous de dire que l'établissement des *Thermes* est très scientifiquement conçu et confortablement réalisé avec tous les derniers perfectionnements de l'hygiène.

CASINO ET FUNICULAIRE DU PLATEAU DE CHARLANNES.

L'établissement *Choussy*, très bien organisé également, comporte en plus petit nombre les mêmes services qu'aux *Thermes*. La disposition seule diffère.

Enfin l'établissement *Mabru*, de proportions et d'aménagement plus modestes, n'en comporte pas moins des services susceptibles de donner toute satisfaction à la clientèle de situation moyenne qui le fréquente.

A *La Bourboule* les pratiques thermales essentielles sont : la boisson, le bain, parfois très prolongé, les douches et douches-massages sous l'eau, et les aspirations. Nous n'avons pas à insister ici sur le dosage de l'eau, sur tous les procédés et les variantes d'application thérapeutique. Ce sont là des détails qui doivent être réservés à nos confrères des Stations thermales; nous écrivons seulement pour les praticiens, dans la clientèle courante, et nous n'avons que l'intention de leur montrer pourquoi et comment ils doivent envoyer à *La Bourboule*, et les bénéfices que leurs malades peuvent retirer de cette cure.

Aussi nous avons hâte d'arriver à l'étude clinique de la médication bourboulienne chez les enfants puisque ce petit livre s'est volontairement limité à l'étude des Eaux thermales en thérapeutique infantile.

ACTION PHYSIOLOGIQUE

Un point très important qu'il convient de ne jamais perdre de vue, c'est qu'il ne faut jamais

envoyer à *La Bourboule* des enfants dont le tube
digestif fonctionne mal. Ainsi les lymphatiques,
les anémiques, les rachitiques, les scrofuleux qui
auraient un intestin par trop sensible, qui font,
par exemple, de la diarrhée ou de l'embarras gastrique avec une extrême facilité, devront être éloignés de cette Station. Il n'est pas rare, en effet,
de voir, même chez les enfants dont le tube digestif
fonctionne bien, l'Eau produire des coliques et
quelquefois même de la diarrhée. C'est d'ailleurs
l'inverse de ce qu'on observe chez l'adulte, où la
cure bourboulienne amène assez fréquemment, au
début, de la constipation.

Ceci dit, aussitôt les premières journées de traitement, on remarque chez le petit malade qui
digère bien, une augmentation notable de l'appétit.

Puis, plus encore que chez l'adulte, la circulation
est stimulée, activée, aussi bien au niveau de
l'organe central qui se trouve tonifié, que des petits
vaisseaux et des capillaires. Rapidement, la richesse
globulaire s'accroît, en même temps qu'il y a une
suractivité dans la rénovation des globules rouges.

La respiration, aussi bien sous l'influence de la
cure chloruro-arsenicale que sous celle de l'altitude et du climat, la respiration devient plus
ample; le jeu de la cage thoracique est facilité, le
champ de l'hématose est élargi.

D'une façon générale, la cure bourboulienne
exerce une action stimulante sur la nutrition; elle
la régularise, en modifie les déviations imprimées
par les hérédités ou les maladies antérieures, et

Λ. — 7.

tend à la ramener à la normale. C'est donc une cure éminemment reconstituante et modificatrice.

INDICATIONS THÉRAPEUTIQUES

Partant de là, il nous est aisé de concevoir quels sont les malades que nous devons envoyer à *La Bourboule*. Nous voudrions voir venir à *La Bourboule* tous les dystrophiques anémiques qui versent dans le lymphatisme, dans la scrofule, que les manifestations morbides soient ganglionnaires, muqueuses ou cutanées.

Nous dirons, pour *La Bourboule* comme pour le *Mont-Dore*, il s'agit ici d'une Station de puériculture, par excellence; il s'agit d'une cure destinée à corriger les viciations héréditaires, ou celles résultant d'une infection récente. *La Bourboule* est vraiment, dans son cadre thérapeutique spécial, comme le *Mont-Dore*, une Station d'enfants au premier chef. Souvent avec la cure bourboulienne nous obtiendrons chez des scrofuleux des résultats que nous n'aurions pu atteindre avec des cures marines répétées.

Les Anémies. -- Ils sont légion les enfants qu'on qualifie d'anémiques. Mais nous savons que l'anémie n'est qu'un symptôme et que ce symptôme ne s'observe jamais à l'état isolé, et qu'il n'est qu'un des éléments de syndromes les plus variés. Ces syndromes, avec les circonstances étiologiques et cliniques qui les entourent, constituent les divers types cliniques qui se présentent à nous sous la dénomination des anémies de l'enfance. Il est évident que toutes les variétés d'anémies ne sont pas justiciables de la cure bourboulienne, et que, par exemple, une anémie d'origine dyspeptique, liée à de la constipation opiniâtre ou à de mauvaises digestions se trouvera mieux de Châtel-Guyon, Pougues ou Vichy, suivant les cas, que de *La Bourboule.*

Mais il est toute une catégorie d'enfants anémiques, à tempérament lymphatique, qui, eux, devront être dirigés vers cette station et ce sont ces divers types cliniques que nous désirons passer en revue.

Voici, par exemple, un petit malade qui se plaint depuis quelque temps d'être constamment fatigué ; il ne joue plus avec plaisir, il n'a plus le moindre goût pour ses études. La course le fatigue, l'essouffle, provoque des palpitations. Quand il veut lire et faire le moindre travail, il est immédiatement pris de céphalées ; il devient irritable, nerveux, avec des accès de tristesse indéfinissable ; il dort mal et est souvent en proie à des terreurs nocturnes. Cet enfant, vous le trouvez pâle, cireux même ; ses muqueuses sont plus ou moins décolorées ; il est maigre, son thorax rétréci, mal développé. Le cœur semble gêné dans cette poitrine étroite, son impulsion est violente, alors que le pouls semble misérable, et il n'est pas rare de trouver à l'auscultation des souffles caractéristiques de l'anémie.

Le grand air et l'arsenic vont jouer ici un rôle primordial pour la guérison de ce petit malade.

Et c'est pourquoi nous devons l'envoyer à *La Bourboule* dont il reviendra en quelques semaines absolument transformé.

D'autres formes d'anémie seront également soignées avec grand bénéfice à *La Bourboule*, tels les cas que l'on observe à la suite des maladies infectieuses graves, après une fièvre typhoïde prolongée, après une attaque violente de rhumatisme articulaire aigü, à la suite d'une rougeole ou d'une coqueluche intense, ayant amené des complications broncho-pulmonaires.

Il est une forme bien spéciale d'anémie qui nous paraît tout à fait justiciable de la cure bourboulienne, c'est celle que l'on observe chez certains hérédo-arthritiques. Dans le chapitre consacré au *Mont-Dore*, l'un de nous a montré quels étaient les enfants de souche arthritique qu'il fallait envoyer à cette dernière Station. Mais tous n'ont pas le même aspect, tous ne réagissent pas de la même façon. Chez tous ces petits malades, incontestablement, nous notons une très grande, une excessive susceptibilité des muqueuses et de la peau, mais chez les arthritiques *lymphatiques*, les symptômes qui caractérisent le tempérament revêtent un tout autre aspect. Ce qui caractérise ici le petit malade, c'est une atonie très marquée de tous ses appareils, avec une pâleur spéciale de la peau. C'est avec une extrême facilité que s'infectent tous ses organes lymphoïdes, qui s'hypertrophient d'ailleurs dans tous les cas. On note de la micropolyadénopathie périphérique, souvent de l'adénopathie

trachéo-bronchique, des rhinites et rhinopharyn
gites plus ou moins intenses, mais toujours très
tenaces, des amygdales hypertrophiées, des végétations adénoïdes, de la blépharite chronique, des
engelures tous les hivers.

En même temps, vous constatez une peau presque transparente, avec un lacis veineux très appa-
rent et très développé, des cils très longs, des poils
très abondants dans le dos et sur les membres.

Peut-on dire que cet enfant est déjà contaminé
par la tuberculose? Nous pensons qu'il en est souvent ainsi et que l'hypertrophie des ganglions
bronchiques est rarement d'ordre banal. Mais,
quoiqu'il en soit, c'est bien ici le type du
petit malade que nous devons envoyer à *La Bourboule.*

Il est une autre forme d'anémie, celle-là beaucoup plus grave, sur laquelle nous désirons nous
arrêter un peu plus longuement. Nous voulons
parler de la chlorose, cette anémie symptomatique
le plus généralement de l'infection tuberculeuse.
Comme LANDOUZY et Marcel LABBÉ l'ont bien
démontré, les liens de parenté entre la chlorose et
la tuberculose sont des plus étroits. Le plus souvent,
la chlorose est la première manifestation d'une
tuberculose latente qui, si on ne la soigne pas à
temps, se révèlera ultérieurement par une localisation pulmonaire ou autre.

On connaît ce type clinique si spécial de la
jeune chlorotique :

Il s'agit d'une adolescente de 15 à 16 ans. Depuis

plusieurs mois on l'a vue progressivement pâlir et se décolorer; elle est constamment fatiguée, s'essouffle à la moindre marche, éprouve des palpitations de cœur, n'a plus d'appétit, ou voudrait manger les choses les plus extraordinaires, digère mal, dort mal, et n'est plus que très irrégulièrement réglée.

Mais ici, la pâleur est toute spéciale. C'est une pâleur verdâtre, cireuse; les conjonctives oculaires ont une teinte bleutée.

En même temps que les règles se sont arrêtées ou sont devenues irrégulières, la fonction thyroïdienne a été troublée, et nous notons des phénomènes d'hyperthyroïdie.

Les hématies sont certes diminuées de nombre; mais ce qu'il y a de caractéristique, c'est la pauvreté du globule en hémoglobine, laquelle descend quelquefois jusqu'à 4 et 5 %.

Suivant les cas, notre jeune malade verra ses symptômes morbides s'accentuer du côté des organes génitaux (forme aménorrhéique), du côté des organes digestifs (forme dyspeptique), ou du côté de la respiration (forme dite tuberculeuse). Mais, à notre avis, il s'agira dans la plupart des cas, quelle que soit la prédominance de tel ou tel symptôme, du retentissement sur les organes hématopoïétiques d'une infection tuberculeuse latente, sauf les cas de prédominance pulmonaire, où, déjà, la localisation bacillaire nettement déterminée manifestera sa présence par le tableau de la chlorose.

Dans d'autres circonstances, la syphilis sera en jeu. Mais chez ces malades on fera aisément le diagnostic de la cause, non seulement par un examen approfondi qui décèlera des signes de syphilis,

GALERIE DES DAMES.

mais par la déglobulisation numérique qui accompagne toujours cette infection.

Quelle que soit la cause qui aura présidé à la naissance de ces formes de chlorose, l'heureuse influence de la cure bourboulienne est indéniable. Elle apporte à l'organisme débilité l'élément.

régénérateur qui lui manque. Grâce à son arsenic, grâce à son chlorure de sodium, grâce à son climat, d'altitude moyenne (la plus favorable pour les anémiques), *La Bourboule* est bien la station privilégiée des anémiques et des chlorotiques en puissance de tuberculose. Le pouvoir curateur de l'arsenic dans les anémies a été mis. en lumière par DUJARDIN-BEAUMETZ qui le préférait aux ferrugineux, et par Albert ROBIN qui refuse même au fer toute propriété spécifique.

Au reste, sous l'influence de l'arsenic, on voit s'arrêter le processus de déglobulisation, les hématies augmenter et recouvrir leur forme; le taux de l'hémoglobine s'accroît, la coloration des téguments réapparaît. En même temps, les globules blancs augmentent de nombre, surtout les grands mononucléaires qui, on le sait, jouent un rôle important dans la phagocytose.

Sous l'action de l'arsenic, plus qu'avec le fer, l'appétit renaît. Prise avant les repas, l'eau de *La Bourboule* provoque une augmentation rapide et considérable de l'appétit; le malade mange et digère mieux; il engraisse à vue d'œil.

Nous savons bien qu'on a prétendu que l'arsenic modérait les combustions et que par suite il ne pouvait être que nuisible à certains anémiques dont les combustions sont déjà très ralenties. Mais nous ne pouvons oublier que les Eaux ne sont pas comme un produit pharmaceutique; elles sont une sorte de médicament vivant, agissant aussi bien par les substances minérales que par les propriétés élec-

triques qu'elles possèdent. D'autre part, l'hydrothérapie, la cure d'air que l'on pratique à *La
Bourboule* contribuent pour une large part à exciter
la nutrition, à activer les combustions. Il n'y a
donc chez certains anémiques qu'à modérer la cure
d'eau.

Mais, d'autre part, il nous faut rappeler ici que
les Eaux de *La Bourboule* sont aussi très chlorurées
sodiques. La source Croizat particulièrement est
très efficace et permet d'intensifier un traitement
chloruré tout en faisant bénéficier le malade d'une
cure arsenicale modérée.

En résumé, quelle que soit la cause des anémies,
elles résultent toujours, en fin de compte, d'un
vice de la nutrition, amenant une altération des
échanges organiques, une dépression du système
nerveux. Or, si avec le fer ou l'arsenic, pris à
domicile et provenant du pharmacien, on échoue
souvent à ramener l'équilibre dans un organisme
déficient, à *La Bourboule* nous trouvons réunis
dans une heureuse complexité tous les éléments qui
viennent aider la cure médicamenteuse, et nous
possédons avec ces eaux une arme parfaite, à tous
égards, pour modifier tous ces terrains languissants,
suspects de tuberculose, pour ne pas dire plus.

Il faudra donc envoyer à *La Bourboule* tous ces
menacés et les y envoyer rapidement sans s'attarder
dans des thérapeutiques souvent illusoires qui nous
feraient perdre un temps précieux, et qui laisseraient
le mal s'enraciner d'une façon définitive sur ces
terrains où il est éminemment apte à se développer.

Les Scrofuleux. — Tous les médecins sont aujourd'hui d'accord pour considérer qu'un scrofuleux n'est pas autre chose qu'un tuberculeux d'allures spéciales. Et cependant la conception clinique de la scrofule a survécu à toutes les tentatives et à toutes les démonstrations bactériologiques, et si quand nous disons qu'un enfant est scrofuleux nous entendons parfaitement affirmer qu'il est touché par le bacille de Koch, nous voulons également dire, en préférant ce mot de scrofule à celui de tuberculose, qu'il présente un habitus spécial et des manifestations cliniques de l'infection bacillaire qui le mettent tout à fait à part, et bien catégorisé, dans la grande famille des tuberculeux.

Le scrofuleux est habituellement un enfant au crâne très développé, aux bosses frontales et pariétales saillantes; il présente une notable hypertrophie des lèvres, surtout de la supérieure; les ailes du nez sont gonflées; le visage est comme bouffi et blafard, les amygdales sont hypertrophiées. La peau et les muqueuses sont le siège d'éruptions diverses, blépharites ciliaires, dacryocystes, kérato-conjonctivites fréquentes, coryza tenace, avec parfois de l'ozène, engelures, prurigos, eczémas impétigineux, lichen, folliculites, acné, etc.

Les ganglions sont, dans toutes les régions, hypertrophiés, et parfois même ils peuvent atteindre un développement très prononcé, sans qu'on puisse retrouver dans le voisinage la porte d'entrée de leur infection.

Évidemment, tous les symptômes que nous venons d'énumérer ne sont pas de nature tuberculeuse; ce sont le plus souvent des infections d'ordre secondaire qui les produisent; mais le terrain spécial, entaché par le bacille de Koch, leur donne une allure toute particulière.

A côté de cela, nous verrons les mêmes petits malades présenter une prédominance de leur hyperpertrophie ganglionnaire, faire d'énormes adénites cervicales tuberculeuses, du lupus, des gommes tuberculeuses de la peau. La caractéristique de ces manifestations bacillaires chez eux est une évolution lente, sans grand retentissement sur l'état général, avec une curabilité assez facile.

Chez ces enfants même, on voit parfois le bacille de Koch se localiser sur le poumon, mais n'y cultiver que faiblement, sans grande malignité, donnant naissance à ce que l'on a appelé la phtisie scrofuleuse (dont l'existence est contestable), mais ayant une tendance particulière à la caséification.

Que l'on considère tous les enfants dont nous venons de parler comme des bacillisés, des tuberculisés, ou comme de simples candidats à la tuberculose (pour certains d'entre eux), il n'en est pas moins vrai que tous ils présentent un terrain facile à l'invasion des microbes pathogènes, et que nous devons très rapidement enrayer leur déchéance physique.

Certes, un certain nombre de ces malades sont justiciables de la cure marine, et nous pouvons obtenir avec cette dernière, suffisamment prolongée, des résultats remarquables, des guérisons définitives. C'est par milliers qu'on compte les enfants qu'un séjour à la mer a rendu à la santé et arraché aux tares tuberculeuses qui les enserraient.

Mais ce qu'il faut bien savoir, c'est que beaucoup de ces petits scrofuleux ne peuvent et ne doivent pas suivre le traitement marin. Combien n'en avons-nous pas vu qui ne pouvaient résister au « coup de fouet » quelquefois trop énergique que la mer imprime à leur organisme ! Combien n'en avons-nous pas vu chez lesquels une tuberculose jusqu'alors latente subissait une poussée aiguë, et des désastres s'en suivre, se terminant, par exemple, par une méningite tuberculeuse. Il est toute une catégorie de ces enfants, qui, loin de retirer un bénéfice d'un séjour au bord de la mer, en reviennent fatigués, affaiblis, amaigris. Chez eux, l'acclimatement ne s'est pas fait et le traitement a été funeste, a aggravé l'état morbide. Ce sont des débiles, des nerveux surtout pour lesquels l'atmosphère marine est devenue rapidement une cause d'excitation ; on les a vu perdre leur appétit, leur gaieté, devenir maussades, pleurer sans raison, ne plus dormir, maigrir d'une façon progressive. Si l'on ne se hâte pas de faire rentrer ces petits malades, l'on court à des complications graves, et nous en avons vu revenir avec des localisations nouvelles de la tuberculose. Nous en avons vu aussi succomber rapidement à une localisation méningée.

La Bourboule, si efficace chez *tous* les scrofuleux, ceux que la mer peut guérir comme ceux pour lesquels elle est impuissante, *La Bourboule* réclame impérieusement et avec raison tous ces petits nerveux, qui supportent très mal la cure marine. Dans cette station, ils vont s'améliorer rapidement, et après plusieurs saisons, et des cures à domicile dans l'intervalle, seront définitivement guéris.

Nous attribuons une très grande part à la forte chloruration des Eaux de *La Bourboule* et surtout de la source Croizat dans cette cure des Scrofuleux et nous serions heureux de voir nos confrères de la Station s'attacher, spécialement pour ces petits malades, à leur réserver cette dernière source dont la teneur en arsenic se complète si heureusement par la forte proportion de chlorure de sodium.

Nous venons de parler des scrofuleux typiques que nous voudrions voir diriger en foule vers *La Bourboule*. Mais nous devons nous hâter d'ajouter que ces types cliniques qui ne se constituent que vers l'âge de 5 à 6 ans doivent, pour ainsi dire, être prévus par le médecin. C'est avec raison qu'il faudra se méfier des hérédo-tuberculeux, des hérédo-syphilitiques, surtout lorsqu'ils auront présenté des troubles gastro-intestinaux dans leur première enfance. Pour ces petits malades, il faut *La Bourboule, dès leur premières années*. La cure agit alors, d'une façon préventive, sur les organes lymphoïdes, sur les globules du sang, sur la peau, sur les muqueuses ; elle arrête pour ainsi dire les lésions au moment de leur éclosion et étouffe les maladies auxquelles la constitution héréditaire de ces petits malades semblait les vouer. On aurait le plus grand tort d'attendre l'apparition des gros ganglions et des coryzas chroniques. Avec la cure thermale on enrayera le processus morbide.

Rachitisme. — Nous n'insisterons pas ici longuement, car nous pourrions répéter tout ce que nous venons de dire pour la Scrofule. La cure marine réclame incontestablement le plus grand nombre des rachitiques ; les cures chlorurées sodiques sont particulièrement indiquées chez eux. Mais, de même que pour les scrofuleux, il est certains rachitiques nerveux, lymphatiques, débilités et très affaiblis qui ne supporteraient pas l'intensité de la réaction produite par l'air de la mer. Certains, également, ne peuvent d'emblée être conduits aux cures chlorurées sodiques intensives.

Dans ces cas, c'est encore à la cure bourboulienne que nous devrons avoir recours.

Affections des Voies respiratoires. — Nous ne pensons pas que *La Bourboule* doive beaucoup se réclamer de la cure des diverses affections chroniques de l'arbre respiratoire.

Incontestablement, les coryzas et les pharyngites chroniques des scrofuleux, des lymphatiques seront améliorés en cette station, mais c'est surtout par l'action de l'eau sur la scrofule et l'état général

SALLE D'INHALATION EN FONCTIONNEMENT.

de l'enfant que le traitement produira son effet.

De même les Adénopathies trachéo-bronchiques, les crises d'asthme liées *à ces adénopathies*, seront améliorées à *La Bourboule*.

Les séquelles de rougeole, de grippe, de coqueluche se trouveront bien également de cette Station, *si nous avons affaire à des enfants lymphatiques, scrofuleux, anémiés et particulièrement affaiblis.*

Mais il est incontestable que le *Mont-Dore* sera souvent mieux indiqué chez beaucoup de ces petits malades.

Pour la tuberculose pulmonaire, il faudra aussi être extrêmement prudent. D'une façon générale on a dit que *La Bourboule* n'aimait pas le poumon tuberculeux; les malades y subissent souvent des poussées congestives, des hémoptysies, et il est incontestable que le *Mont-Dore* est le plus souvent leur meilleure ressource.

Toutefois, dans certaines formes de tuberculose pulmonaire torpides sans réactions fébriles, sans aucune tendance congestive, chez les enfants scrofuleux qui font souvent des localisations pulmonaires, sans qu'on s'en doute si on ne les ausculte pas, *La Bourboule*, maniée très prudemment, aura son utilité thérapeutique, qui découlera précisément de la forme même de l'affection et de l'action stimulante que provoquent les eaux; sur ces formes torpides, la nutrition activée pourra amener une réaction salutaire conduisant à la cicatrisation, enrayant la tendance à la caséification.

Mais il n'en est pas moins vrai que le tuberculeux *confirmé* n'est pas fait pour *La Bourboule*. Comme l'a très judicieusement écrit RÉNON (*Journal des Praticiens*, n° 6, 1908); « *La Bourboule* convient

aux malades douteux, aux suspects, aux candidats
à la tuberculose plutôt qu'aux arrivés. Elle convient
aux lymphatiques, aux hérédo-tuberculeux, à la
tuberculose à la première période, aux formes torpides sans fièvres, et sans hémoptysies. *La Bourboule* est mauvaise pour la tuberculose ouverte,
pour la tuberculose éréthique et hémoptoïque »•
« *La Bourboule*, a dit LANDOUZY, convient à ceux
chez qui il faut prévenir la tuberculose ou l'arrêter
dans ses premiers commencements, tandis que le
Mont-Dore est pour ceux qu'il faut en guérir ».

Dermopathes. — En dehors de la scrofule, et
du lymphatisme, c'est dans les affections cutanées que l'eau de *La Bourboule* obtient ses plus
beaux succès.

Toute les dermatoses sont justiciables de la
cure bourboulienne, mais il est incontestable que
certaines d'entre elles sont plus que d'autres tribu-
taires de ce traitement.

Les éruptions d'origine paludéenne y sont très
rapidement améliorées.

Tous les prurigineux, surtout, méritent d'être
placés au premier rang parmi les malades justiciables de cette thérapeutique; qu'il s'agisse de
lichen, de prurits nerveux, voire même de prurigo
de HEBRA, grâce aux bains prolongés, on obtient
des améliorations considérables. L'un de nous a
envoyé à *La Bourboule* un prurigo du type que
BROCQ appelle le prurigo de HEBRA français. Au
bout de trois saisons il était complètement guéri;

à 14 ans, après quatre saisons, il était débarrassé de cette horrible et intolérable affection.

Beaucoup d'eczémateux doivent être envoyés à *La Bourboule*, surtout ces enfants de tempérament lymphatique, scrofuleux, torpide. Les enfants qui font des poussées d'asthme succédant à leurs manifestations cutanées se trouvent également très bien de cette station. VEYRIÈRES affirme que l'on l'on peut même baigner ces malades alors qu'ils sont en pleine activité morbide; si aigus soient-ils, ils toléreraient parfaitement le bain, à la condition de leur appliquer, *in situ*, une pâte anodine. D'autres médecins redoutent les bains prolongés et ne les donnent que très courts, les réservant même aux malades qui ont des squames très épaisses.

Nous préférons personnellement envoyer à *La Bourboule* les eczémas secs à évolution chronique.

Nous n'insisterons pas plus longuement sur les diverses variétés de dermatoses que l'on peut soigner à *La Bourboule*. Qu'il nous suffise de dire que même, dans les plus rebelles, le psoriasis, l'icthyose, par exemple, la médication thermale produit de salutaires effets. Tout se combine ici pour amener les résultats désirés; l'action de l'arsenic d'abord, le régime alimentaire bien organisé et surveillé de très près; la peau constamment nettoyée et activée par toutes les pratiques hydrothérapiques, détergée par le bain, tolère toutes les actions médicamenteuses; l'état général, toujours en cause, amélioré par la cure climatérique ; tout concorde en un mot pour recevoir efficacement les effets de la thérapeutique thermale prudemment et progressivement maniée.

Nous ne dirons rien de l'action de *La Bourboule* chez les diabétiques. Le *diabète infantile* est une affection très grave, très rapidement cachectisante, qui peut évidemment bien se trouver de la cure bourboulienne éminemment reconstituante ; mais ne comptons pas trop sur elle pour guérir les enfants qui sont atteints de cette grave maladie.

Durée de la Cure

Pour *La Bourboule* comme pour toutes les Stations nous tenons à réagir contre la déplorable coutume qui consiste à ne vouloir faire qu'une cure de vingt-un jours. Il est souvent indispensable de prolonger le séjour dans la station et quand les familles l'acceptent, nous sommes volontiers partisans de les faire séjourner pendant six semaines au moins dans la station. Nous ne voulons pas, par là, leur imposer un traitement thermal de six semaines, mais, outre que la cure climatique n'a encore ainsi qu'une durée très modérée, avec un tel laps de temps, il devient possible au médecin de la station de graduer sa thérapeutique, d'en varier les applications, et, surtout, ce qui à notre avis a une très grosse importance, il lui est possible d'interrompre le traitement et d'éviter ainsi les quelques accidents d'intolérance qui pourraient quelquefois se manifester.

Il faut donc que les praticiens réagissent énergiquement contre « le dogme des vingt-un jours »
et qu'ils s'efforcent de démontrer aux familles
que c'est souvent avec des séjours écourtés que
l'on n'obtient que des résultats incomplets.

Il convient également de bien se convaincre
qu'une seule cure est habituellement insuffisante et
souvent on ne peut arriver à une guérison complète
qu'après trois ou quatre saisons. Nous pourrions
citer bien des exemples où des rechutes se sont
produites parce que les parents avaient cru pouvoir se contenter d'une cure ou deux.

Age des malades

A quel âge peut-on envoyer les enfants à
La Bourboule ? Nous sommes d'avis que dès
la plus tendre enfance, on peut y conduire les
enfants à partir de deux ans; et, nous dirons
plus, dans certaines circonstances exceptionne les,
quand il y a urgence, nous ne craindrions pas
de conseiller la cure pour des bébés au cours
de leur seconde année. Ce sera, bien entendu,
affaire de dosage et de doigté de la part du médecin de la station; il est certain que chez ces
bébés il faudra surtout faire du traitement externe, et que l'on ne pourra leur faire absorber
que de petites quantités d'eau. Mais, d'autre
part, il sera aisé de répéter ces petites quantités
plusieurs fois dans la journée; et sachant combien les enfants absorbent vite mais éliminent

aussi rapidement, on pourra arriver ainsi à des
doses assez importantes en les fractionnant.

Le séjour dans les salles d'aspiration nous semble
aussi très utile chez ces tout petits.

Au reste, chez eux, nous pourrons avoir recours
aux injections hypodermiques d'Eau thermale et
c'est ainsi que nous arrivons à ce point si intéres
sant, parfaitement étudié par MM. GASTOU et
FERREYROLLES.

INJECTIONS HYPODERMIQUES

Ces auteurs ont examiné l'eau de Choussy à
l'ultra microscope et ils ont pu y rencontrer des cristalloïdes et des colloïdes. Ces colloïdes, colloïdes
vrais, colloïdes cristalloïdes, colloïdes artificiels, ont
une très grande importance. Ce sont des colloïdes
arsenicaux. L'eau de *La Bourboule* est donc en
réalité une solution arsenicale colloïdale, radioac-
tive, bactéricide, non toxique, augmentant la
phagocytose. Ces propriétés ont amené ces auteurs
à faire de multiples expériences desquelles il
résulte qu'on peut injecter l'eau directement dans
le sang, et dans le tissu cellulaire sous-cutané.
C'est là un très grand avantage dont les malades
tireront un grand profit, surtout les enfants
auxquels on ne pourrait pas en faire absorber
par la bouche, pour une raison ou pour une autre,
une quantité suffisante.

On nous permettra de ne pas insister plus longuement sur ce nouveau mode d'administration
qui nous paraît gros de conséquences pour l'em-

ploi thérapeutique des Eaux Thermales, mais dont nous ne possédons aucune expérience. Nous renvoyons le lecteur, que la question pourrait intéresser, au mémoire de MM. GASTOU et FERREYROLLES (Poinat, éditeur) publié en 1912, qui contient des faits très intéressants et très impressionnants. On y trouvera une bibliographie complète sur le sujet.

TRAITEMENTS A DOMICILE

Nous avons dit plus haut que nous étions très partisan des cures prolongées et qu'il fallait, dans tous les cas, s'attendre à envoyer les petits malades pendant plusieurs années à *La Bourboule* pour leur assurer une guérison définitive et éviter les rechutes.

Mais cela ne suffit pas à notre avis. Il est de toute nécessité, comme pour la plupart des cures hydrominérales, de faire faire aux malades un traitement à domicile, dans l'intervalle qui sépare les saisons faites à la station. Nous attachons une très grande importance à ces traitements à domicile; ils sont le complément indispensable de la thérapeutique hydrominérale et beaucoup de médecins doivent attribuer leurs échecs à ce qu'ils ont négligé de les prescrire.

Enfin, nous devons penser à ceux que leur situation sociale empêche de se rendre dans la Station, et qui peuvent faire chez eux, grâce aux eaux transportées, un traitement hydrominéral doué d'une grande efficacité, sans valoir, hâtons-nous de le dire, celui suivi aux griffons des sources.

L'eau de *La Bourboule* se conserve parfaitement
en bouteilles ; et grâce à la fixité des principes actifs
qu'elle contient on peut s'en servir soit à la tempé-

APPAREILS DE PULVÉRISATIONS ET DE HUMAGES.
DE LA BOURBOULE.

rature extérieure, soit en la réchauffant au bain-
marie.

Voici quelle est la pratique de l'un de nous,

suivie depuis de nombreuses années et qui lui a donné les meilleurs résultats (Dr AUSSET) :

« Je ne me sers habituellement à domicile que de la source Choussy, tout en regrettant vivement que le transport des deux sources Fenestre n° 1 et n° 2 (surtout le n° 1) ne soit pas plus répandu, car elles me paraissent pouvoir être d'excellentes eaux de table. La source Fenestre n° 1 contient 0 gr. 0051 d'arseniate de soude par litre, ce qui fait un peu plus du sixième de ce que contient la source Choussy. Or 120 grammes de Choussy font 4 milligrammes d'arseniate de soude, ou trois gouttes de Liqueur de FOWLER. On conçoit donc qu'il n'y aurait aucun danger d'intoxication arsenicale à prendre aux repas de cette source Fenestre n° 1. Sa minéralisation totale n'est que de 0.9840 par litre ; celle de la source Fenestre n° 2 est de 1.0135.

Il est à désirer que l'Administration de *La Bourboule* s'emploie à l'expédition *courante* de ces deux sources très utiles pour les petits malades.

Je ne me sers donc que de l'Eau de Choussy.

Quand je désire envoyer un enfant à *La Bourboule*, je commence par lui faire suivre quelques mois auparavant une sorte de cure préparatoire. Je prescris de donner le matin dans un peu de lait chaud 60 grammes de Source Choussy, ce qui fait 2 gouttes de Liqueur de FOWLER. Non seulement j'essaie ainsi mon malade, mais encore je le prépare, pour ainsi dire, à sa cure intensive à la Station ; et jamais les confrères ne m'ont signalé d'accidents d'intolérance chez les petits clients que je leur ai adressés.

J'ai l'habitude aussi de prier ces mêmes confrères de me donner des renseignements détaillés sur la façon dont l'enfant a supporté le traitement, et ces renseignements, joints à l'examen que je fais de mon petit malade le comparant à son état morbide au départ, me permettent d'apprécier ce que je devrai faire dans le courant de l'année.

En général, je ne dépasse jamais 120 grammes d'Eau matin et soir, prise au moment des repas, en plusieurs fois, coupant l'eau ordinaire ou le vin.

Chez les petits enfants, je m'en tiens à 60 grammes matin et soir, dans du lait chaud.

Je ne commence ce traitement que trois mois environ après le retour de la Station et je le prescris régulièrement ensuite quinze jours par mois jusqu'à la saison suivante.

Dans quelques cas spéciaux, j'emploie aussi l'Eau de Choussy en applications externes. Je prescris de la chauffer au bain-marie à 35 ou 40° et je m'en sers soit pour imbiber des compresses, soit pour faire des lotions sur les eczémas ou des dermatoses prurigineuses. En pulvérisations, dans des coryzas chroniques; en gargarismes et en humages dans des pharyngites chroniques chez les scrofuleux, elle me donne aussi d'excellents résultats. Dans ces cas-là également, l'eau doit être chauffée au bain-marie aux environs de 40 degrés. ⟩

En résumé, l'emploi à domicile de l'Eau de *La Bourboule* mérite d'entrer dans la thérapeutique courante et les praticiens en obtiendront d'excellents effets chez leurs petits malades, s'ils savent bien la manier.

Dr E. AUSSET.

Dr SIAUVE.

M. TAVERNIER.

SAINT-NECTAIRE (Puy-de-Dôme)

Saint-Nectaire est un site charmant situé au milieu de la pittoresque vallée de la Couze du Chambon, à une altitude moyenne de 750 mètres. C'est dire déjà que dans cette vallée du Courançon,

SAINT-NECTAIRE-LE-BAS, VUE GÉNÉRALE.

sur le versant est du Mont-Dore, cette délicieuse Station jouit, par son climat, sa position et son entourage de l'avantage si précieux de réunir les ressources de la cure thermale à la cure climatique de moyenne altitude si bien adaptée à la thérapeutique infantile.

Cette station est divisée en deux agglomérations

l'une vers le Nord-Ouest, dite *Saint-Nectaire-le-Haut*, avec l'établissement du Mont-Cornadore ; l'autre vers le Sud-Est, *Saint-Nectaire-le-Bas* avec la Source du Gros-Bouillon, le casino, les Bains Romains, le Nouvel Établissement thermal.

Comme on le verra tout à l'heure, la cure de *Saint-Nectaire* convient éminemment aux débilités, aux anémiés, aux déminéralisés. Aussi ne saurions-nous dès maintenant, trop insister sur l'excellente cure climatérique que vont y faire ces petits malades et qui contribue pour une part importante à l'amélioration si rapidement constatée dans l'état général.

Le climat de *Saint-Nectaire* est tempéré et sec ; c'est un climat tonique et remontant, mais sans excitation, sans la violence d'action que donne habituellement une trop grande altitude ; la température y est toujours douce, égale, et même un peu plus élevée que la situation géographique ne le faisait prévoir. Protégé contre les vents du Nord et du Midi, *Saint-Nectaire* en dehors de sa valeur thermale pourrait être classé au rang des meilleures stations de cure climatique.

On utilise actuellement vingt-trois sources qui peuvent se répartir en quatre groupes principaux :

1º Le groupe du *Mont-Cornadore* (*Mont-Cornadore*, (39º), *Giraudon* (36º) ; *Parc* (23º) ; *Morange*, *Petite-Rouge*, *Romain* (sources froides) ;

2º Le groupe de *Saint-Nectaire-le-Bas* (*Saint-Cézaire* et *Boette* (42º), *Gubler* (32º), *Gros-Bouil-*

Ion (37°), *Pauline* (36°) et plusieurs autres sources froides ;

3° Les sources hyperthermales (53°) *Papon* ;

4° Des sources froides, pouvant servir d'Eaux de table et de régime, dont les principales sont *Les Granges* (9°).

D'une façon générale les eaux de *Saint-Nectaire*

SAINT-NECTAIRE, LE CASINO

sont des eaux chlorurées faibles et bicarbonatées mixtes. Elles sont très onctueuses au toucher, limpides, possèdent une saveur légèrement acidulée, et un certain arrière-goût styptique pour les sources froides surtout, tandis que les sources chaudes ont une saveur saline.

Leur minéralisation oscille entre 4 et 8 grammes et est formée, pour la plus grande partie, de chlorures et de bicarbonate de soude, avec de l'arséniate de soude, du fer, de la lithine et du fluor. Elles contiennent une grande quantité de *glairine* et de l'acide carbonique libre.

A *Saint-Neclaire*, on fait la cure par la boisson, les bains et les douches.

La cure de boisson se fait avec les sources chaudes ou froides suivant les cas. Mais il faut opérer très-prudemment et tâter pour ainsi dire la susceptibilité du malade. On commence par donner les sources chaudes, puis on continue par les sources tièdes qui sont de digestion assez difficile. Quant aux sources froides, elles sont surtout administrées en fin de cure ; elles amènent une véritable décharge urinaire, d'urates, de phosphates, et dans certains cas on. les a vu élever le taux de l'albumine et produire de la congestion rénale. Aussi leur posologie est-elle très-délicate, et l'on ne doit jamais dépasser 300 à 400 grammes par vingt-quatre heures. On ne doit, dans tous les cas, jamais perdre de vue que les malades que l'on a à traiter ont un rein dont le fonctionnement est faussé, en partie barré, et dont l'élimination ne répond pas toujours aux apports.

Les bains sont donnés avec les sources chaudes. Nous signalerons ici la méthode si spéciale des affusions lombaires, imaginée par les médecins de la Station, et particulièrement par notre éminent confrère le docteur Roux. Cette douche lombaire envoie sur le malade, assis en avant, un large pinceau d'eau thermale, à une hauteur variable suivant la pression et la force qu'on veut obtenir, généralement de 0 m. 50.

On administre aussi des douches sous-marines, des bains de pieds à eau courante, des irrigations vaginales, etc.

L'Eau de *Saint-Nectaire* est presque isotonique et sa constitution se rapproche sensiblement de celle du sérum sanguin. C'est une vraie lymphe minérale, comme disait GUBLER. Elle agit donc

SAINT-NECTAIRE; ÉTABLISSEMENT THERMAL
GRANDS THERMES.

tout d'abord comme tonique, comme stimulant de la nutrition générale. Prise à dose moyenne, elle amène d'abord une certaine excitation. Aussi importe-t-il d'aller doucement pour ne pas arriver à l'insomnie et à des troubles digestifs. Bientôt on voit l'état général s'améliorer, le pouls se relever et tous les échanges organiques s'activer. L'anémie disparaît, les globules rouges augmentent de nombre et de valeur; l'hypertension s'abaisse, le cœur est soulagé.

Au bout d'une semaine, si on examine les urines du malade, on constate une décharge accentuée des urates et de tous les produits azotés, et tous les troubles de rétention toxique des produits de désintégration organique disparaissent; la perméabilité rénale est plus active.

Les reins sont donc particulièrement touchés par cette action thermale, puisque non seulement leur rôle éliminateur est amélioré, mais encore leur travail de dépuration est facilité du fait que les échanges organiques s'opérant mieux, les produits de désintégration ne viennent plus l'irriter.

En résumé, on peut dégager ici deux effets caractéristiques des Eaux de *Saint-Nectaire* : « premièrement, une action directe sur les tissus rendant les combustions plus complètes (accroissement des mutations azotées; disparition, par ce fait, des albumines hétérogènes qui sont en circulation, et, par conséquent, de l'albumine qui en est la conséquence); secondairement, une action stimulatrice et réparatrice sur les épithéliums rénaux, action qui se poursuit à la faveur de la congestion active des canalicules obtenue par le traitement ». (1)

INDICATIONS THÉRAPEUTIQUES

Ainsi donc la note dominante de la cure de *Saint-Nectaire* c'est d'être : tonique, réparatrice, éliminatrice et antitoxique.

---

(1) CASTAIGNE. — Les maladies des reins, *Le Livre du Médecin.* (Poinat, éditeur).

De cette action bien déterminée, nous allons pouvoir tirer des indications thérapeutiques tout à fait spéciales.

Puisque *Saint-Nectaire* est tonique, reconstituant, nous devrons y envoyer les *débilités*, les lymphatiques relevant de toxi-infections diverses, les convalescents anémiés et fatigués.

ÉGLISE DE SAINT-NECTAIRE, style Roman auvergnat
Monument historique.

Et, d'autre part, puisque ces Eaux ont une action élective sur l'émonctoire rénal, dont elles facilitent le fonctionnement, nous leur réserverons nos néphropathes, certains d'entre eux du moins, qui sont assez fréquemment aussi des anémiques.

Voici, par exemple, un jeune adolescent d'une douzaine d'années. Il est pâle, ses muqueuses sont décolorées; il n'a aucun entrain pour le jeu, n'a aucun goût pour le travail. Il a grandi d'une façon vraiment exagérée, son thorax est étroit, il respire mal, a des palpitations, et si nous examinons ses ses urines, nous trouvons une phosphaturie accentuée. Cet enfant se plaint de douleurs erratiques, mais surtout de céphalées; il mange mal et digère encore moins bien.

Dans un autre cas, ce sera une fillette de 14 ans, présentant à peu près le même tableau clinique que nous venons d'esquisser et, en outre, on nous ajoutera que ses règles s'établissent très difficilement; elle a été réglée une ou deux fois, puis rien n'est revenu, ou bien encore les époques ne reviennent que très irrégulièrement et avec de vives douleurs.

Ces deux enfants sont tout à fait justiciables de la cure de *Saint-Nectaire*. Nous verrons chez eux très rapidement se relever le taux des globules rouges et de l'hémoglobine, et si nous avons eu le soin de bien organiser, en outre, le régime alimentaire, du reste parfaitement réglé aux tables de régime de la Station, nous assisterons très vite au retour de l'appétit et à la régularisation des digestions.

Mais, je l'ai déjà dit, le triomphe de *Saint-Nectaire* c'est la cure des *albuminuries*, de certaines néphropathies, sur lesquelles il nous faut insister maintenant.

Les nombreux malades que nous avons envoyés dans cette remarquable station sont là pour nous assurer de l'heureuse efficacité de ces eaux et vont nous servir pour établir les indications cliniques de la cure chez les néphropathes. Mais je me hâte d'ajouter que notre distingué confrère, le docteur Roux, de *Saint-Neclaire*, dont on connaît la haute compétence en ce sujet, m'a fourni des renseignements précieux, provenant de sa pratique personnelle, ce dont je tiens à le remercier ici.

On nous consulte fréquemment pour le cas suivant :

Il s'agit d'un enfant de 8 à 9 ans, ou plus, qui se développe mal, à thorax étroit, à dos voûté, maigre, facilement fatigué. Il s'essouffle au moindre effort, et ne songe qu'à se reposer. Il se plaint constamment de douleurs dans les membres.

Du côté du tube digestif, on note une atonie plus ou moins accentuée, du clapotement stomacal, un appétit capricieux et irrégulier, de la constipation avec, parfois, des signes d'appendicite chronique. Le foie déborde les fausses côtes; la cholémie et l'urobilinurie sont notables.

La circulation périphérique est mauvaise; les extrémités sont souvent froides, humides et moites, exposées aux engelures; la tension artérielle est abaissée.

Si l'on examine le sang, on note des globules rouges irréguliers, déformés, pauvres en hémoglobine.

Il est fréquent dans des cas analogues, de trouver, en outre, des organes déplacés, ptoses du cœur, du foie, du rein, de l'estomac, de l'intestin. Une ptose, moins rare qu'on ne le croit, est celle du diaphragme et du poumon, qui amène une sorte de descente pulmonaire, qui se manifeste par une obscurité respiratoire aux sommets quand on ausculte l'enfant debout, et qui disparaît quand le malade est couché.

Examinez les urines de ces enfants; vous les trouvez louches, épaisses, laissant rapidement un dépôt floconneux abondant contenant des cylindres hyalins et des leucocytes. L'albumine atteint un taux variable suivant les heures de la journée. Au réveil, elle est nulle, ou presque, mais déjà un quart d'heure au plus après le lever elle apparaît.

En outre, l'urine contient une forte proportion d'urates, d'oxalates, avec une quantité considérable de phosphates. Il y a à cet égard une véritable déminéralisation.

C'est là le type de l'albuminurie fonctionnelle, dite *albuminurie orthostatique.*

Ces enfants sont-ils des tuberculeux latents? Sont-ils des prétuberculeux? Leur mauvais état général, leur excessive déminéralisation semble bien plaider en faveur de la première hypothèse. Mais, à mon sens, la constatation même d'une bacillose latente ne suffit pas à nous prouver que cette variété de néphropathie est due à l'intoxication tuberculeuse. J'ai vu un nombre assez important de ces petits malades dont je n'ai malheureusement pas toutes les observations. Mais je possède onze cas que j'ai pu suivre de très près; chez cinq d'entre eux l'ophtalmo-réaction positive m'a démontré qu'il existait une tuberculose latente, une adénopathie trachéo-bronchique cliniquement manifeste chez trois, simplement décelable aux rayons X chez les deux autres. Eh bien ! chez ces cinq enfants, je n'ai pas cru devoir rattacher la néphropathie à la tuberculose. Et j'ai au contraire pensé que l'affection rénale avait précédé l'invasion tuberculeuse, qui s'était greffée sur ce terrain débilité, déminéralisé, affaibli, en état de très notable moindre résistance. En revanche, chez tous mes malades, et particulièrement chez les six qui n'avaient aucune tuberculose, j'ai trouvé un état de faiblesse congénitale de l'émonctoire rénal. Chez l'un d'eux, pour citer le plus caractéristique, la mère avait de la tuberculose rénale et un autre frère avait de l'albuminurie intense, suite d'une grippe (?)

On conçoit combien *Saint-Nectaire* doit être efficace chez de tels enfants. Cette cure thermale les reminéralise, les tonifie, renforce le terrain, en dehors de son action élective sur le rein lui-même. *Saint-Nectaire* remplit ici les deux indications thérapeutiques primordiales, et ce serait une erreur que de chercher toute autre cure à lui substituer.

On connaît cette autre forme d'albuminurie fonctionnelle, dénommée *albuminurie cyclique*. Ce sont, contrairement aux précédents, des enfants d'aspect vigoureux, gras et bien constitués, gourmands, mangeant d'une façon exagérée et ayant parfois des troubles digestifs par surcharge gastro-intestinale. Leurs urines présentent tous les jours et aux mêmes heures des réactions identiques ; l'albumine est surtout constituée par de la globuline, tandis que dans l'albuminurie orthostatique, c'est surtout de la serine qui est en cause. En outre, on note des urines graisseuses, à reflets irisés, chargées d'urates, d'oxalates, d'indican, d'urobiline.

Ces malades sont fortement entachés d'hérédité arthritique et leur albuminurie est une manifestation, chez eux, de cette diathèse. On en fera facilement le diagnostic non seulement par la régularité de l'apparition de l'albuminurie, mais encore par l'énorme décharge d'urates et d'oxalates, alors que chez les malades de la précédente catégorie, la phosphaturie était la note dominante.

Cette albuminurie cyclique est encore justiciable de *Saint-Nectaire* qui modifie la dyscrasie, qui transforme le terrain en agissant concurremment sur le rein.

A *Saint-Nectaire* nous devrons aussi envoyer les *albuminuries d'origine digestive*. On connaît ces formes spéciales d'albuminurie fonctionnelle, suivant de près les troubles digestifs, liées intimement à ces derniers, et qui doivent être bien distinguées des néphrites d'origine digestive. Fréquemment les petits malades sont atteints d'atonie ou d'ectasie gastrique et même d'accidents intestinaux.

Ici encore la phosphaturie est très-intense et on note aussi des excès d'urates et de l'indican en forte proportion.

Mais, nous dira-t-on, le pronostic de ces albuminuries fonctionnelles est habituellement bénin et, sans doute, sans *Saint-Nectaire* elles auraient guéri.

La chose pourrait être discutée. Mais il n'en est pas moins vrai que les guérisons sont alors très longues à obtenir; il faut des régimes et des traitements appropriés très longtemps prolongés. On en a vu se prolonger pendant toute la vie; et on en signale également qui sont réapparues après de longues rémissions. Avec *Saint-Nectaire*, avec deux ou trois saisons en cette Station, on remet rapidement et définitivement tout en place parce que l'Eau s'adresse ici à la cause véritable des accidents, aux altérations de la crase sanguine. La cure de *Saint-Nectaire* agit, avant tout, sur l'état général de l'enfant et c'est, ne l'oublions pas, le terrain, la meïopragie fonctionnelle, souvent générale, qui commande l'apparition des troubles rénaux.

Et c'est ainsi qu'avec des cures thermales bien et suffisamment longtemps suivies on pourra, en outre, empêcher l'enfant de verser dans la tuberculose ou dans la goutte, lorsque, par exemple, on aura à traiter ces petits albuminuriques orthostatiques ou cycliques dont nous parlions plus haut.

Mais *Saint-Nectaire* agit encore avec une parfaite efficacité dans toutes les *néphrites post-infectieuses*, dans ce que j'appellerai les *albuminuries résiduelles*, séquelles de grippe, de typhoïde, de scarlatine, etc.

Qu'on ne vienne pas nous dire ici, comme pour les albuminuries fonctionnelles, qu'elles auraient pu guérir par un simple régime. Il est malheureusement très fréquent d'observer de-ces néphrites aiguës tournant à la chronicité malgré les traitements les plus rationnels, et je dirai même les plus précocement appliqués.

En revanche, il est rare de les voir résister à une ou plusieurs cures à *Saint-Nectaire*, et l'on peut dire que c'est ici le vrai triomphe, la véritable indication, la spécialisation tout à fait remarquable de la Station.

Mais il est bien entendu que la cure thermale ne doit être abordée que lorsque la maladie sera tout à fait *refroidie*, en dehors de toute poussée congestive. L'indication bien précisée ici c'est : l'*albuminurie séquelle d'un processus inflammatoire* ÉTEINT.

Mais je vais plus loin : je conseille *Saint-Nectaire* à *tout enfant* qui, à la suite d'une infection ou d'une toxi-infection, a fait de la néphrite aiguë et chez lequel la localisation rénale *paraît* entièrement guérie. A mon sens, ce rein qui a été touché, qui pendant un temps plus ou moins long a desquamé et laissé filtrer l'albumine, ce rein est en état de moindre résistance. Vienne une grippe ou toute autre infection, il sera une proie facile pour une nouvelle localisation morbide. Aussi devons-nous le renforcer par une sorte de traitement préventif et *Saint-Nectaire* est parfaitement indiqué pour ce faire : la cure thermale fait disparaître la débilité rénale.

D'après tout ce que nous venons de dire, on a pu se rendre compte que la cure de *Saint-Nectaire* s'adresse avant tout à l'intoxication générale de l'organisme, et qu'elle a surtout une action d'excitation dynamique et fonctionnelle sur les organes atteints. C'est avant tout un désintoxiquant, par l'accélération qu'elle amène dans les oxydations intra-tissulaires, d'où une augmentation du taux de l'urée et du rapport azoturique. En même temps, elle modifie profondément la nutrition générale. Dès les premiers jours, l'appétit augmente, les digestions s'améliorent, le suc gastrique est sécrété plus rapidement et plus abondamment, la sécrétion biliaire est activée ; les fibres musculaires de l'intestin sont également très heureusement influencées et les selles se régularisent.

Mais la cure de *Saint-Nectaire* agit aussi, nous l'avons déjà dit plus haut, sur les éléments figurés du sang. Les globules rouges augmentent de nombre et de qualité (augmentation de l'hémoglobine et de la résistance à l'hémolyse).

Un des points les plus importants de cette action sur les éléments figurés du sang est l'augmentation de résistance des globules blancs, ainsi que MM. Roux et Feuillé l'ont bien démontré (*Soc. médic. des hôpitaux de Paris*, 1912), et d'après ces auteurs, c'est à l'augmentation de cette résistance leucocytaire que seraient dus les succès de *Saint-Nectaire* dans les albuminuries infantiles.

CONTRE-INDICATIONS

Les contre-indications de *Saint-Nectaire* sont faciles à concevoir.

Nous éliminerons d'abord les tuberculeux avérés. Parmi les albuminuriques, nous en éloignerons les néphrites très avancées, avec cylindres granuleux, signes d'insuffisance rénale et œdèmes généralisés, bruit de galop. Chez ces malades la boisson et les bains seraient dangereux et provoqueraient des poussées congestives.

Les néphrites avec tension constamment élevée ne doivent pas être envoyées à *Saint-Nectaire*, surtout s'il y a en même temps de l'aortite ou des signes de sclérose cardio-rénale.

La cure thermale est tout à fait insuffisante et, même, peut être dangereuse dans la tuberculose rénale et dans les pyélo-néphrites.

TRAITEMENT A DOMICILE

Nous avons dit au début de cette étude sur *Saint-Nectaire* qu'il existait une Eau très agréable à boire, véritable Eau de régime. C'est la *Source des Granges.*

Cette Eau est la véritable Eau de table des débilités, des phosphaturiques, des albuminuriques. Elle peut être prise comme eau de boisson habituelle par tous les petits malades justiciables de *Saint-Nectaire.*

D'autre part, on aura grand avantage à faire faire aux petits malades des cures entre les saisons faites à la Station, et, suivant la pratique que j'ai déjà conseillée pour d'autres stations; on peut préparer le petit malade quelques semaines avant son départ pour *Saint-Nectaire*.

Pour ces cures d'inter-saisons ou d'avant-saisons, on se servira de la *Source du Parc* ou de la *Source Rouge*, qui sont sensiblement analogues. On en prescrira 150 à 200 grammes à prendre dix à quinze minutes avant chaque principal repas.

Chez les uricémiques, l'Eau des Granges comme eau de table sera une excellente cure de lavage. Chez les petits albuminuriques, l'eau du Parc ou de la Source Rouge continuera la chasse d'urates et d'oxalates commencée à la Station.

ROYAT (Puy-de-Dôme)

Royat est une gracieuse petite ville du Puy-de-Dôme, située à 475 mètres d'altitude, à mi-côte sur les premiers contreforts du Plateau Central.

Le climat est celui de l'altitude moyenne; l'air d'une pureté exquise, la température toujours égale, sans chaleurs excessives l'été et avec une douceur toute spéciale en automne.

De Clermont, on arrive à *Royat* par des pentes assez douces, ce qui permet à ce sol volcanique très poreux de se drainer avec une merveilleuse facilité. Il s'ensuit également une absence presque complète d'humidité, pas de brouillards, pas de rosées, toutes conditions qui seront, on le conçoit, éminemment favorables aux rhumatisants et aux cardiopathes si sensibles à l'humidité atmosphérique.

Les Sources de *Royat* sont au nombre de cinq, toutes groupées autour de l'établissement thermal.

Quatre de ces sources sont assez fortement minéralisées : ce sont la *source Saint-Mart*, la *source Saint-Victor*, la *source César* et la *source Eugénie*. La cinquième est très faiblement minéralisée, c'est la *source Velleda*.

Les quatre premières sont très sensiblement

identiques. Leur température oscille de 20 à 35° suivant la source. La source César a une minéralisation de 2.85, c'est la plus faible des quatre; la source Eugénie atteint le chiffre de 5 gr. 62; c'est la plus forte.

Les bicarbonates alcalins et le chlorure de sodium constituent le fond de cette minéralisation. Elles sont en outre ferrugineuses, lithinées et arsenicales et contiennent une grande quantité d'acide carbonique. Cet acide carbonique est bien conservé dans les sources, car elles sont soigneusement recouvertes.

La grande quantité de sels alcalins contenue dans ces eaux fait qu'elles gardent une forte alcalinité malgré la présence de grandes proportions d'acide carbonique. Notons que la Source *Saint-Victor* contient beaucoup d'arséniate de soude.

Il n'est pas indifférent de faire remarquer la forte minéralisation de ces quatre sources. C'est à tort que beaucoup de médecins ne pensent à *Royal* que comme station carbo-gazeuse, et négligent son importante teneur en sels minéraux. Cette constatation est importante, car nous le verrons, les eaux de *Royal* ont une action toni-reconstituante, particulièrement efficace chez les enfants anémiques.

Nous devons signaler à Saint-Victor 4 milligr. d'arsenic et 5 centigrammes de fer par litre. Cette eau se range immédiatement après les eaux de *La Bourboule*, parmi les eaux minérales de France, comme eau arsenicale. C'et encore un point à bien retenir pour la cure de nos petits débilités.

Notons, en outre, que DUBOIN, a trouvé à la source Eugénie, 0 milligr. 01 d'iode par litre; CARLES, à Saint-Mart, a trouvé 5 milligr. de fluor et 2 milligr. à César.

MOUREU a dosé les gaz et y a trouvé : 99,5 %

d'acide carbonique, 0,49 % d'azote et 0,0052 % d'argon et d'hélium.

Les eaux de *Royat* sont très hypotoniques et par suite, faciles à absorber.

La cinquième source de *Royat*, la *Source Velleda*, est une eau froide (14°). C'est une excellente eau de boisson, qui sert à activer la diurèse, merveilleuse pour les cures de lavage, s'absorbant et s'éliminant avec une grande rapidité. C'est une eau de table parfaite à tous égards et qui est d'une très grande utilité pour compléter le traitement.

A *Royal*, on boit et on se baigne. César, qui est la moins minéralisée des quatre sources gazeuses, a une action nettement eupeptique. On la donne avant le repas; elle excite ainsi la sécrétion du suc gastrique; aussi devra-t-on ne jamais la prescrire aux petits malades hyperchlorhydriques.

Saint-Victor, source précieuse pour nos petits anémiques, apporte, avons-nous dit, de l'arsenic et du fer. Après quelques jours de traitement, on voit se relever le taux de l'hémoglobine et les hématies augmenter de nombre; les enfants prennent des couleurs, deviennent plus gais, plus remuants, mangent avec plus d'appétit et dorment mieux.

La source lithinée de Saint-Mart est depuis longtemps appelée la source des goutteux à cause de la lithine qu'elle contient. On constate, en effet, après quelques jours, une notable émission de sable rouge chez les malades qui boivent à cette source. Elle est peu employée chez les petits malades, sauf chez certains uricémiques.

Si la cure de boisson a, à *Royal*, toute son importance, il n'en est pas moins vrai que c'est surtout le *bain carbo-gazeux* qui a établi la réputation mondiale de la station et qui l'a fait si rapidement et si justement prospérer.

Le bain carbo-gazeux est donné en piscine ou

en baignoire, ou au contraire en *eau courante*. On
peut ainsi nuancer, graduer les effets thérapeutiques et employer l'acide carbonique dans toute
son intensité, ou avec un certain degré d'atténuation.
On donne ainsi le bain A ou le bain B.

Le bain A est donné dans une eau qui a séjourné
quelques heures dans un réservoir, où une partie
du gaz a pu s'échapper. Le bain B est donné dans

ENTRÉE DU GRAND ÉTABLISSEMENT.

de l'eau au sortir du griffon, avec toutes ses qualités naissantes complètes. On conçoit que les
effets thérapeutiques seront différents dans l'un
et l'autre cas.

« L'agent thérapeutique, peut donc être à
» *Royat*, administré nature, sans que le crenothéra-
» peute ait autre chose à faire qu'à tendre la main
» à la Nymphe qui préside aux sources, pour la
» mettre en contact avec le malade dans la bai-
» gnoire ou dans la piscine.

« Ou, en termes moins pittoresques, mais non

» moins exacts, on se sert de la source, dans ces
» bains B, sans que la main de l'homme ait eu à
» intervenir en quoi que ce soit pour modifier
» pureté, température, minéralisation, électricité,
» thermalité, radioactivité; sans que l'homme ait
» en quoi que ce soit agi sur la matière médicale
» minérale naturelle vivante.

« C'est ainsi que le médecin tient à la disposition
» de ses malades une gamme progressive, partant
» du bain A, passant par le bain B de la source
» Eugénie tous deux à 34°, relativement chaude
» par rapport aux autres, et modérément gazeux;
» gamme qui se continue par le bain de Saint-Mart
» à 30°, plus froid, mais extrêmement gazeux
» avec ses 1780 milligrammes de CO^2 par litre;
» aboutissant enfin au bain de César, à 27° seule-
» ment, mais lui aussi extrêmement gazeux
» (1200 milligr.). » (LANDOUZY, conférence du
» V. E. M. 1912).

A côté de la boisson et du bain carbo-gazeux, il
nous faut noter d'autres procédés thérapeutiques
qui ont également leur utilité.

Il existe à *Royat* des *salles d'aspiration* où l'on
aspire des vapeurs chaudes d'eau minérale. Et à
leur propos, je tiens à rappeler que *Royat* n'est
pas fait seulement pour les cardiopathes. Certains
malades de l'appareil respiratoire se trouvent très
bien d'un séjour et d'un traitement dans ces salles
d'aspiration qui peuvent être comparées comme
efficacité à celles du *Mont-Dore*. Certes nous ne
trouvons pas ici l'installation vaste, spacieuse

du *Mont-Dore*, et les enfants ne peuvent y jouer et s'y livrer à leurs ébats, tout en aspirant l'eau, ce qui favorise la mise en jeu des muscles de la respiration ; mais ici les petits malades, installés sur des gradins, peuvent séjourner dans la salle au milieu d'une atmosphère de vapeurs dont la température et la tension leur sont précisément

ÉTABLISSEMENT CÉSAR.

graduées et dosées suivant la hauteur des gradins où l'on place les malades.

On emploie aussi la source Eugénie en *pulvérisations*.

Enfin, on pratique le *humage*, les *douches pharyngées* et les *irrigations nasales*, tous procédés très utiles chez les petits arthritiques qui ont sur leur muqueuse respiratoire des manifestations de leur diathèse.

ACTION PHYSIOLOGIQUE ET THÉRAPEUTIQUE

Quand on se plonge dans le bain carbo-gazeux,

on éprouve tout d'abord une sensation de fraîcheur immédiate avec pâleur de la peau; une quantité considérable de bulles d'acide carbonique très fines se déposent sur tout le corps et forment comme une sorte de manchon gazeux; on ressent une impression de picotements et au bout de quelques instants la peau rougit. Au sortir du bain, on éprouve une sensation de bien-être et de vigueur physique.

Dans le bain, on note un ralentissement du pouls, une augmentation de son amplitude et de son énergie.

Chez les cardiopathes, on note une diminution de l'aire de matité cardiaque, en même temps que l'ascension du bord inférieur du foie et la disparition de sa sensibilité douloureuse.

Dans le bain carbo-gazeux la pression s'abaisse tout d'abord, même chez les malades à tension normale, et cela progressivement et dans des proportions variables suivant les individus; et cet abaissement est d'autant plus marqué que la rubéfaction cutanée est plus marquée, et que le malade est plus déprimé.

Après la sortie du bain, la pression se relève et revient à son primitif niveau.

Si nous avons affaire à des hypotendus, on voit aussi la pression s'abaisser, mais ce qui est intéressant c'est que la pression se relève au-dessus du chiffre qu'elle avait auparavant. C'est donc là une action de tonicité.

Chez les hypertendus, la chute de pression est

plus lente, et le bain doit être plus long. En outre,
la pression, après le bain, ne revient jamais à son
niveau primitif.

Il est bien entendu que l'on peut, suivant les
sujets, obtenir des modifications appropriées de
la pression artérielle suivant la variété du bain
carbo-gazeux qu'on prescrira, et suivant la façon
dont il sera donné (température, durée, teneur en

VUE DU PUY-DE-DOME, 1470ᵐ d'altitude.

gaz, etc...). Avec des bains très gazeux et très
courts on relèvera notablement la pression artérielle; avec des bains prolongés, peu gazeux ou
progressivement gazeux, et à la température de
la peau, on abaissera cette pression.

L'ensemble de la cure balnéaire de *Royal* aboutit
donc, avant tout et par-dessus tout, à une action
régularisatrice du système circulatoire; chez les

hypotendus, cette cure soulage le myocarde, le tonifie parce que, surtout, elle diminue les résistances périphériques. Chez les hypertendus, elle le soulage encore parce qu'elle calme les spasmes périphériques.

Le bain carbo-gazeux exerce aussi son action salutaire sur la respiration, qui devient plus ample, plus profonde, plus active; les échanges respiratoires sont donc notablement activés.

Du côté du sang, après une série de vingt bains, on note une très importante augmentation du taux de l'hémoglobine, du nombre des hématies, et de la valeur globulaire.

En même temps, il se produit une leucocytose intense qui double le chiffre des globules blancs, une augmentation des mononucléaires, et aussi des éosinophiles.

Cette leucocytose démontre qu'il existe bien une sorte de crise thermale, manifestant la perturbation de l'organisme sous l'influence de l'eau, absolument analogue à celle qui se produit lors d'une infection légère.

Au point de vue de la sécrétion urinaire, on observe une diurèse activée, une augmentation de l'excrétion de l'urée et de l'acide urique, une élévation du rapport azoturique et du coefficient d'oxydation du soufre.

En résumé, sous l'action de la cure de *Royat*, nous constatons que le système circulatoire est tonifié, assoupli, activé, régularisé. Et de ce résultat découlent d'heureuses modifications dans tous les autres appareils. La respiration s'effectuant mieux, il y a plus d'oxygène absorbé, l'hématose est meilleure, et un sang plus oxygéné est porté vers tous les tissus, améliorant, par réciprocité, tous les échanges intra-tissulaires.

De cette action, il va nous être facile de tirer les deux grandes indications de *Royat* :

1º l'*Arthritisme*, parce que les malades y sont désintoxiqués.

2º les *troubles circulatoires* et les *anémies* à cause de l'action élective des Eaux sur tout le système cardio-vasculaire, sur le sang et sur la nutrition générale.

Indications thérapeutiques

Quand nous avons parlé du *Mont-Dore*, nous avons très vivement insisté sur la spécialisation remarquable de cette station, si indiquée chez les arthritiques à manifestations respiratoires. *Royat* serait-il donc une doublure du *Mont-Dore* et pourrait-on remplacer indifféremment l'une par l'autre chez nos petits bronchitiques?

Pas le moins du monde. Ces deux stations se complètent l'une l'autre.

A *Royat*, nous devons bien envoyer, en effet, nos petits arthritiques, mais nous choisirons pour cette station les enfants anémiés, débilités, fatigués, torpides, sans grande réaction. Or l'on se souvient qu'au contraire au *Mont-Dore* nous

devons réserver les arthritiques nerveux, excitables, congestifs, faisant surtout des phénomènes
spasmodiques. A *Royat*, nous adresserons les
enfants d'arthritiques, chloro-anémiques, convalescents de maladies graves, à croissance défectueuse, et présentant, par exemple, le type clinique
si connu - sous le nom de pseudo-hypertrophie
cardiaque de croissance.

Ceci étant bien entendu, et la distinction étant
bien établie entre les formes cliniques de malades
que nous enverrons soit au *Mont-Dore*, soit à *Royat*,
nous dirons qu'il convient d'adresser dans cette
dernière station les enfants présentant une susceptibilité particulière des bronches, des rhino-pharyngites chroniques, ceux qui font, pour un rien,
de la congestion pulmonaire. En revanche, nous
pensons que les petits asthmatiques, quels qu'ils
soient, se trouveront mieux du *Mont-Dore*, à
moins d'être particulièrement anémiés.

Les eczémateux, les anémiques, les migraineux
seront aussi dirigés vers cette station. Là aussi
nous adresserons les enfants, fils de goutteux, qui,
à l'occasion d'une grippe, font de la congestion
pulmonaire du sommet, trop souvent prise pour
de la tuberculose.

A *Royat*, nous enverrons les enfants atteints de
lésions vasculaires suites d'endocardite aiguë.
Mais nous n'insistons pas sur cette spécialisation
de la cure de *Royat*, qui s'adresse plus spécialement aux malades adultes.

Mais, en revanche, pour nos adolescents anémiques et chloro-anémiques, nous trouverons à *Royat* les plus précieuses ressources thérapeutiques. Nous avons suffisamment insisté sur l'action des Eaux sur les éléments figurés du sang et sur l'hémoglobine pour n'avoir pas besoin d'y revenir à nouveau.

En résumé, on enverra à *Royat* les arthritiques anémiés, torpides, les chloro-anémiques et les débilités de toute nature, et si parmi nos petits malades nous trouvons des cardiopathes insuffisants, des aortiques, c'est encore ici qu'ils trouveront le meilleur soulagement à leurs maux.

Mais, surtout, et j'insiste particulièrement sur ce point, *Royat* devra être employé comme une véritable cure prophylactique chez les petits malades en imminence de cardiopathie, chez ceux, par exemple, qui, au cours d'une infection quelconque, ont présenté une légère atteinte de leur endocarde ou de leur myocarde, chez ceux surtout qui, pendant l'évolution d'une de ces septicémies bacillaires, ont vu le bacille de Koch toucher de plus ou moins près leurs séreuses cardiaques, lécher même seulement leur endocarde, endocardites, péricardites qu'on laisse trop souvent passer inaperçues et qu'on découvre comme par hasard vers l'âge de 20 ans, ou plus tôt, à l'occasion d'une autre maladie quelconque.

A *Royat*, réservons aussi nos petits enfants à hérédité vasculaire chargée, fils de cardiaques ou fils de goutteux. Nous ne saurions trop conseiller dans ces cas des cures préventives qui éviteront à ces petits malades de verser dans les cardiopathies ultérieures qui leur seraient presque fatalement réservées.

CURES A DOMICILE

Pour *Royal* également, nous conseillons des cures à domicile, non seulement comme complément des cures faites à la Station, mais encore comme cures de préparation avant l'arrivée à cette Station, et nous nous sommes toujours très bien trouvé de conseiller de faire boire aux petits malades les Eaux qui leur avaient été appliquées par le médecin de *Royal* pendant leur saison. Il est très aisé ainsi de faire faire, matin et soir, pendant quinze jours par mois, une petite cure, à la dose de 150 grammes d'Eau chaque fois, deux fois par jour, dans un peu de lait chaud. Nous le répétons, nous prescrivons alors l'Eau employée pour l'enfant pendant sa cure de saison.

En outre, comme Eau de régime, Eau de table, ces petits malades devront se servir de la Source Velleda, ou s'ils sont dyspeptiques, hypopeptiques, ils prendront de l'Eau de César.

On trouve aussi dans le commerce des comprimés de bains carbo-gazeux artificiels qui, certes, sont loin de donner des bains valant ceux pris à la Source même, mais qui n'en permettent pas moins d'administrer aux petits malades des bains d'acide carbonique qui peuvent leur rendre certains services comme cure préparatoires ou prolongements de cures.

CHATEL-GUYON (Puy-de-Dôme)

La station de *Châlel-Guyon* est située dans le Puy-de-Dôme, à 7 kilomètres de Riom, à laquelle elle est maintenant reliée par un c .emin de fer.

LES GRANDS THERMES.

Son altitude est de 380 mètres. Le climat y est très doux, plutôt chaud, et d'une régularité très favorable à la cure des petits malades.

Dans l'histoire des Eaux Thermales françaises

on ne peut trouver un développement et un succès aussi remarquables et aussi complets que ceux de *Châtel-Guyon*. Grâce à une Administration particulièrement intelligente et agissante, mais aussi, je me hâte de le dire, grâce aux cures merveilleuses obtenues qui ne tardèrent pas à faire à cette Station une réputation mondiale que nul maintenant ne peut lui contester, *Châtel-Guyon* a pris un essor incomparable, et ses Eaux qui, il y a à peine trente ans, étaient encore inconnues sont, à juste titre, considérées comme les meilleures pour traiter certaines affections gastro-intestinales dont nous parlerons tout à l'heure.

Depuis vingt ans, grâce à l'activité scientifique d'un corps médical de tout premier ordre, grâce à GUBLER, grâce à BARADUC, et aux médecins qui y ont exercé et y exercent actuellement, des observations cliniques multipliées ont démontré l'action incontestable de cette Eau sur les fibres lisses de l'intestin; et je le déclare hautement, dès le début de cette étude, sur les *très nombreux enfants*, de tous tempéraments, *aussi bien les nerveux que les autres*, que j'ai envoyés en cette Station c'est à peine si j'ai compté quelques rares insuccès. C'est à dessein que j'ai insisté sur ces mots « aussi bien les nerveux que les autres », car de mon expérience déjà longue se dégage très nettement que l'axiome qu'on a voulu ériger en loi de réserver *Châtel-Guyon* aux atoniques n'est, à mon avis, basé que sur une observation défectueuse. J'en prends à témoin mes confrères actuels de *Châtel-Guyon*, ceux qui depuis de nombreuses années soignent mes petits malades. Ils me pardonneront de ne pas les nommer et comprendront les raisons de ma réserve, mais ils savent comme moi qu'avec de la prudence, on peut très bien soigner à *Châtel* des nerveux, de grands nerveux. Qu'ils se souviennent seulement avec quel soin je leur détaille tous les petits incidents de l'histoire clinique de mes malades; et combien de fois ne terminé-je pas mes lettres ainsi : « en somme, enfant extrêmement nerveux », « à pianoter » avec prudence, mais qui me paraît devoir profiter de la cure ». Et de fait, les *très rares* insuccès que j'ai obtenus ont trait à quelques constipés que nous n'avons pu « déboucher », mais *jamais* à des nerveux auxquels *Châtel* aurait été nuisible.

Mais je reviendrai ultérieurement sur cette question qui me tient particulièrement à cœur.

Les Eaux de *Châtel* sont captées avec un soin tout particulier et donnent le maximum de sécurité au point de vue de la pureté et de l'asepsie, non seulement pour les cinq buvettes et les divers services de l'Etablissement, mais encore pour l'embouteillage, qui, ainsi que nous le verrons plus loin, présente un grand intérêt pour les post-cures.

Ces Eaux sont très limpides, d'un goût franchement acidulé, légèrement salé et styptique. Leur température varie entre 38 et 20 degrés, suivant les sources. Il y a trente sources, dont les plus employées sont : Yvonne, Louise, Marguerite, Germaine et Deval. Le débit, en vingt-quatre heures, est de plus de cinq millions de litres et ne *subit aucune fluctuation du fait des saisons sèches ou pluvieuses.*

Ce sont des eaux alcalines, gazeuses, chlorurées sodiques et magnésiennes et bicarbonatées mixtes, contenant, en outre, une petite quantité de silice, d'arsenic, de phosphore et de fer. La minéralisation totale de la source Gubler n° 1, pour prendre un exemple, est de 8 grammes 3986 au litre. Ce sont donc des eaux très minéralisées. Mais la caractéristique minérale de ces eaux est l'association du chlorure de sodium (1 gr. 63) avec le chlorure de magnésium (1 gr. 56), association à propos de laquelle GUBLER a précisément prononcé pour la première fois son mot de « Lymphe minérale » qui depuis a eu une si heureuse fortune.

L'Eau de *Châtel-Guyon* est, en effet, un véritable sérum minéral. « Elle contient, comme la lymphe sanguine, des chlorures, des sulfates, des phosphates et des carbonates de chaux, de fer ou de magnésie, et en telles proportions que deux litres d'eau minérale de *Châtel-Guyon* représentent presque mathématiquement, tant comme qualité que comme quantité de principes salins dissous, un litre de sérum sanguin. De ce fait, elle constitue *un tonique général, puissamment reminéralisateur et régénérateur totius substantiæ.*

Mais sa vertu principale, sa vraie spécialisation consiste dans son action élective sur l'intestin dont

elle assure ou rétablit, et à titre durable, le fonctionnement normal et régulier. Elle doit cette propriété aux vertus énergétiques de son élément
capital, le chlorure de magnésium, dont le résultat
immédiat est de réveiller et d'exciter la contrac-

UNE ALLÉE DU PARC.

tilité des fibres lisses musculaires et la sécrétion
des glandes de l'intestin. Les expériences reten-
tissantes de LABORDE, au laboratoire de physio-
logie de l'École de médecine de Paris, confirmées
depuis par de nombreuses expérimentations, en
ont fourni la preuve convaincante. Par un processus tout particulier, un processus cumulatif,
« l'action stimulante d'un jour s'ajoute à celle de
la veille jusqu'au moment où la fonction normale
est rétablie »; et le résultat sera, un peu plus tôt,

un peu plus tard, infailliblement atteint. Voilà pourquoi on a dit — fort justement — de l'Eau de *Châtel-Guyon* qu'elle était avant tout et par-dessus tout le *régulateur des fonctions de l'intestin*. Et cette action est aussi vraie, aussi nette, aussi rapide, qu'il s'agisse de diarrhée ou de constipation, d'infection intestinale ou de simple atonie. La raison — clairement élucidée — tient à ce fait qu'aux vertus du chlorure de magnésium viennent s'ajouter les effets complexes d'adjuvants tels que la silice, le chlorure de sodium, les différents bicarbonates alcalins et l'acide carbonique, et que ces principes divers exercent sur l'intestin une action locale désinfectante et antiseptique, qui forme un utile complément aux effets stimulants et évacuateurs du chlorure de magnésium ».

L'Eau de *Châtel-Guyon* s'emploie surtout en

LA SOURCE MARGUERITE.

boisson ; c'est à la buvette que s'effectue la partie essentielle du traitement.

On s'y baigne également, et on y fait des irrigations intestinales, mais c'est la partie accessoire
de la cure.

Les enfants prennent habituellement de 100 à
250 grammes d'eau par jour, surtout aux sources
tempérées de Gubler et de Marguerite, qui sont
mieux tolérées par eux.On ne doit pas oublier qu'à
doses modérées, on obtiendra seulement une action
eupeptique, diurétique et tonique des fibres lisses
de l'intestin. A fortes doses, l'eau devient laxative,
et chez certains malades, purgative. Aussi, au
début de la cure, chez les enfants nerveux surtout,
doit-on tâter la susceptibilité du malade, sous peine
de leur voir faire une crise aiguë si la dose initiale
est trop élevée. Mais je me hâte de dire que l'eau
de *Châtel*, si elle est laxative, n'a pas les inconvénients de l'eau de *Carlsbad* qui n'est que laxative.
L'eau de *Châtel* est en outre éminemment tonique
et reconstituante.

Comme l'a démontré PESSEZ, par des expériences
savamment conduites chez un sujet sain, l'eau de
Châtel amène une augmentation de l'azote total
des urines; de l'urée, des sulfates et une augmentation plus notable encore des chlorures, due
évidemment à l'ingestion des chlorures de l'eau.
En revanche, le même auteur a noté une diminution de l'acide urique et des phosphates.

Du côté de l'estomac, l'action eupeptique est
très nette et on a noté une augmentation de l'acide
chlorhydrique.

Comme je l'ai déjà dit, l'action de l'Eau est

surtout élective au niveau des fibres musculaires de l'intestin; sous l'influence du chlorure de magnésium, le péristaltisme intestinal est réveillé, puis très accentué, sans cependant aller jusqu'à donner de la diarrhée si on sait bien manier les doses. Avec de la prudence, on n'amène jamais de spasme intestinal, et comme je le disais en commençant, j'ai eu des malades guéris à *Châtel*, chez lesquels le spasme jouait un rôle important dans les accidents intestinaux. L'eau de *Châtel*, je ne cesserai jamais de le répéter, n'agit pas comme eau laxative, comme celle de *Carlsbad*. Elle agit en régularisant la contraction musculaire intestinale, en rétablissant le rythme régulier de cette con traction, c'est-à-dire l'équilibre entre les fibres longitudinales et les fibres circulaires. *Châtel-Guyon ne purge pas.*

Mais la cure de *Châtel-Guyon* n'est pas efficace seulement sur les fonctions intestinales, elle agit très favorablement sur le foie par l'intermédiaire des voies biliaires. Il est en effet, très fréquent, habituel, de constater chez les petits malades ayant ordinairement des selles blanches, de couleur mastic, dont la fonction biliaire s'effectue mal, il est habituel, dis-je, de constater au bout de quelques jours que les matières fécales se colorent et que la bile reprend, par conséquent, un cours normal. L'aspect général de l'enfant s'en ressent; on voit disparaître ces teints jaunes, terreux, cholémiques, indices de la rétention biliaire. Cette action est due aux contractions de la vésicule activées par l'ingestion de l'eau, ce qui amène une décharge de bile dans l'intestin.

BUVETTES GERMAINE-DEVAL.

La circulation portale est également influencée. Après quelques jours de traitement, on voit les enfants porteurs d'hémorroïdes présenter de la congestion hémorroïdaire, s'accompagnant quelquefois de flux sanguin.

L'action évacuatrice et cholagogue de l'Eau de *Châtel* nous fait aisément prévoir une action désinfectante sur le contenu intestinal. Le microbisme du tube digestif doit évidemment en être modifié. Et de fait, Pressez a pu constater, à la suite de l'ingestion pendant dix jours consécutifs de 600 gr.

d'eau chez un adulte, que le nombre des bactéries par centimètre cube de fèces augmentait de 100 %.

A côté de la boisson, nous avons dit qu'on se baignait aussi à *Châtel-Guyon*. Les bains sont donnés dans un superbe établissement, à l'aide des sources chaudes, à eau courante, et d'une durée de vingt minutes. L'eau arrive dans la baignoire directement du griffon, sans modification aucune, avec sa thermalité native et sa richesse en gaz et en sels, par suite du renouvellement incessant que lui permet un jeu de trop-plein toujours ouvert à la partie supérieure de la baignoire.

Le bain est habituellement donné à 34°; mais chez certains malades atones, on donne le bain à 28° à l'établissement Henry.

Dans le bain, on donne sur l'abdomen une sorte de douche sous-marine à pression presque nulle, qui fait un massage, excellent à tous égards, sur la masse intestinale; cette douche est donnée à une température un peu supérieure à celle du bain.

Le bain agit en régularisant la circulation intestinale, et la vaso-dilatation cutanée qu'il produit a pour conséquence la décongestion du système porte.

On fait aussi à *Châtel-Guyon* des irrigations intestinales, avec l'eau minérale naturelle, à sa température originelle, ou chauffée plus haut, suivant les cas. L'instrumentation se compose d'un lit métallique à plan relevable, d'un bock de cristal mobile de haut en bas sur une planchette graduée,

et de sondes spéciales en caoutchouc rouge, dites
sondes de *Châtel-Guyon-Gubler*. Ces sondes sont
de trois types différents : la sonde sigmoïde de
0.40, qui ne dépasse pas l'S iliaque, la medioco-
lique (1 ^{m} 15) et la sonde à double courant.

LE THÉATRE ET LA SOURCE YVONNE.

Ces lavages intestinaux ont des indications bien
précises. Autrefois on en abusait véritablement, et
il était parfois très dommageable pour certains
malades de recevoir tous les jours dans l'intestin
un litre ou deux de liquide. Mais, par une réaction
aussi injustifiée qu'inconsidérée, certains médecins
veulent maintenant rejeter complètement cette
méthode thérapeutique. A mon avis, ils ont tout-
à-fait tort, car, avec des indications très précises,
elle peut rendre les plus grands services.

Il est, je le crois, tout aussi irrationnel de rejeter systématiquement les lavages intestinaux que de vouloir les pratiquer chez tous les malades.

INDICATIONS THÉRAPEUTIQUES

Si je voulais relater ici toutes les observations d'enfants que j'ai envoyés à *Châtel* et qui en sont revenus guéris, je n'aurais pas assez de toute l'étendue de ce petit volume et je lasserais la patience du lecteur. C'est que je considère, avec une conviction profonde, que cette Station est la vraie Station de nos petits entéropathes ; c'est là que ces petits malades jaunes, à teint terreux, cholémiques, intoxiqués par leur tube digestif et par un foie en hypofonctionnement, recouvrent une pleine santé et reviennent chez eux ayant repris leur gaieté, leur appétit, leurs belles couleurs. Quand on les revoit, on assiste à une véritable résurrection ; l'enfant est transformé, et l'état général du petit malade répond bien à l'amélioration des fonctions gastro-intestinales.

Grâce aux observations des nombreux enfants que j'ai envoyés à *Châtel* et que j'ai pu suivre longtemps avant et après leur traitement, j'ai pu me faire une opinion bien solide sur les effets curatifs de ces Eaux et c'est exclusivement le résultat de ma pratique que je désire exposer ici avec quelques détails.

Les Constipés. — *Châtel-Guyon* réclame d'abord les *constipés habituels*.

La constipation se produit, on le sait, par divers mécanismes.

Voici par exemple un enfant de 4 ou 5 ans, qui dans sa première année a été atteint de troubles dyspeptiques plus ou moins graves; nourri artificiellement, il a présenté des alternatives de diarrhée et de constipation, des symptômes osseux de rachitisme. Son ventre s'est anormalement développé, et maintenant il a un gros ventre, avec de l'éventration, et un écartement notable des muscles grands droits; ses muscles abdominaux ont perdu une notable partie de leur tonicité, les anses intestinales se sont dilatées et allongées, et il en est résulté un affaiblissement de la musculature intestinale. Actuellement, il est extrêmement constipé; on ne peut le faire aller à la garde-robe qu'avec des laxatifs, administrés à des doses relativement élevées; le péristaltisme intestinal est très faible, les matières stagnent et se dessèchent et il rend des boules dures parfois très volumineuses.

Voilà un type de constipé par *atonie* : atonie rectale, atonie intestinale, atonie de la sangle abdominale et de tous les muscles concourant à la défécation.

Cet enfant sera merveilleusement et sûrement guéri à *Châtel-Guyon*. Il est tout à fait exceptionnel d'observer un échec. L'eau ramène ici la tonicité intestinale et si l'on a soin de suppléer pendant un certain temps à l'insuffisance de la sangle abdominale par une ceinture appropriée ou des bandes de crêpe, en même temps qu'on peut faire de l'électrothérapie, on voit des enfants, obstinément constipés par ce mécanisme reprendre au bout d'une seule saison la régularité de leurs garde-robes.

Certes, il arrive assez souvent qu'au bout de six à sept mois la constipation tend à réapparaître, mais elle cède définitivement à une seconde saison, surtout si on a le soin de faire du traitement à domicile comme nous le dirons plus loin. Il est rare qu'on soit amené à prescrire une troisième année de cure.

Nous avons fréquemment entendu dire, et nous avons lu, écrit même par des médecins de *Châtel*, que les enfants du premier âge ainsi constipés sont plutôt justiciables d'une diététique appropriée que des Eaux minérales.

Il s'agit ici de bien s'entendre. Veut-on parler des *nourrissons*? S'adresse-t-on à des bébés de quelques mois ou d'un an? Alors nous sommes d'accord, et il me paraît prématuré de conseiller une cure thermale à ces bébés. Mais au cours de la seconde année, la constipation par atonie (comme d'ailleurs celle d'autres origines) me paraît tout à fait justiciable de la cure par les Eaux de *Châtel*.

Je possède à cet égard des faits tout à fait probants, et je ne veux en citer qu'un seul, tout à fait récent, comme exemple pleinement démonstratif.

Il s'agit d'un bébé, né en mai 1910, qui m'est amené par son grand-père, médecin dans les environs de Lille. On me le conduit pour la première fois le 11 janvier 1912; il a donc vingt mois. Il présente une constipation comme je n'en ai qu'ex-

ceptionnellement vu. On lui donne des purgatifs
et des laxatifs à très hautes doses, et malgré cela
il reste plusieurs jours sans résultats. Quand on me
l'amène, il y a *quinze jours* qu'il n'a pas été à la
selle. Je sens dans le flanc gauche une énorme
tumeur stercorale que rien n'a pu résoudre. J'en
vide une partie avec les doigts très profondément
enfoncés et je prescris 100 grammes de *Châtel-
Guyon-Gubler* le matin à jeun, avec un lavage
intestinal très chaud fait avec un litre de la même
eau. L'évacuation fut complète au bout de quatre
jours. En juillet, il avait 25 mois, je l'envoie à
Châtel où il fut soigné par les bains et la boisson.

Depuis, il va très régulièrement à la garde-robe.
Je l'ai revu pour la dernière fois en février 1913;
il n'a pas encore manqué d'aller tous les jours à la
selle. Je compte malgré tout l'envoyer encore cette
année parfaire sa cure, mais, comme on le voit, le
résultat a été d'emblée tout à fait remarquable,
résultat que rien n'avait pu obtenir auparavant.

Je crois donc qu'on peut envoyer très tôt les
enfants à *Châtel-Guyon* et je n'hésite pas à y adresser
les bébés de 18 mois.

La constipation peut aussi s'installer chez l'enfant, en dehors de toute affection gastro-intestinale antérieure. Il s'agit, par exemple, d'un sujet
soumis à une hygiène alimentaire défectueuse,
nourri trop abondamment, ou mangeant trop tôt
de la viande, ne prenant que des farineux, des œufs,
du laitage, de la viande, et jamais ou très peu de
légumes verts. On conçoit qu'ici le résidu intes-

tinal peu copieux laisse s'endormir, qu'on me passe
l'expression, le péristaltisme intestinal, le réflexe
de la défécation ne se produit pas ou est trop
émoussé.

Ou bien cet enfant mal nourri, trop nourri, fait
des indigestions fréquentes; il est même toujours
en puissance d'indigestion, qui se manifeste ordinairement au début par des selles pâteuses, souvent
par de la diarrhée. L'intestin, à ce régime de surmenage fonctionnel, se fatigue, devient inerte et
ne se contracte plus.

Ici encore la cure de *Châtel-Guyon* est souveraine.
Elle réveille le péristaltisme intestinal, excite les
contractions des fibres musculaires, active la circulation et rend à l'intestin toute sa tonicité.

Mais la constipation peut être due non plus à
de l'atonie intestinale, mais au contraire à du
spasme des fibres circulaires, devant lequel vient
se briser et s'annihiler tout l'effort du péristaltisme.
Ce spasme se produit habituellement au niveau
du côlon transverse et il est fréquent chez les enfants qui en sont atteints de sentir une *corde
colique* réagir sous la main qui explore, et se contracter plus énergiquement encore pendant le
cours de l'examen clinique. Cette forme de constipation peut s'accompagner de sensations douloureuses, et c'est avec elle qu'on voit souvent les
selles enrobées de matières glaireuses, de mucosités,
quelquefois même de fausses membranes.

A mon avis, on confond trop souvent cette forme
spéciale de la constipation spasmodique avec l'en-

térite muco-membraneuse; et j'irai même plus loin
en disant qu'on a le tort de vouloir l'appeler entérite
glaireuse. Il n'y a pas ici d'entérite. L'intestin se
contracte et s'irrite de la présence des matières
fécales durcies qui séjournent, et il « crache »;
les glaires, les mucosités, ce sont ses crachats;
mais il ne s'agit pas, à vrai parler, d'entérite.

Pendant longtemps on a prétendu éloigner de
Châtel ces formes spasmodiques de la constipation,
qui se produisent habituellement chez des enfants
nerveux, simples constipés d'abord, mais dont on
a martyrisé l'intestin avec des purgatifs et des
laxatifs multiples. Ils ont réagi, à leur manière,
d'après leur tempérament; ils ont fait du spasme, mais si l'on veut bien les examiner d'un peu
plus près, on constate que ces nerveux, ces impressionnables à l'excès, qui réagissent d'une
façon exagérée à toutes les excitations, sont, par
exemple, des dilatés de l'estomac; leur côlon est
en état de spasme, mais d'autres portions de leur
tube digestif est atonique. Il s'ensuit qu'on est
autorisé à conclure, comme l'a dit ESMONET, que
ce spasme et cette atonie qui voisinent sont de
même nature.

Il y a bien longtemps que réagissant personnellement (comme je l'ai déjà écrit ailleurs) contre cette
tendance de vouloir éloigner ces malades de
Châtel, je les envoie faire une cure dans cette
Station. Certes, dans une longue lettre très précise,
j'expose à mon confrère correspondant toutes
les particularités de mon petit malade et j'attire

toute son attention sur les précautions qu'il aura à prendre pour diriger sa cure. Je prends à témoin les confrères de *Châtel-Guyon* de ce que j'avance ici ; ils diront comme moi combien souvent, depuis de nombreuses années, je leur ai envoyé de ces petits « spasmés », et j'ai dans la mémoire certaines craintes et certaines hésitations de leur part que j'ai dû calmer en prenant toute la responsabilité du traitement. Nous n'avons eu dans l'avenir qu'à nous féliciter de ma ténacité, et j'ai la grande satisfaction de constater qu'aujourd'hui un certain nombre de cliniciens renoncent au fameux axiome : pas de spasmodiques à *Châtel*.

J'estime que tous ces « spasmés » des fibres circulaires sont des atoniques des fibres longitudinales. *Châtel* guérit cette atonie, renforce l'action des fibres longitudinales, et le spasme des premières cède lorsque revient la contractilité des secondes.

A côté de ces constipations, par vice d'alimentation, il y a celles liées à l'hérédité arthritique. Tout le monde connaît ces petits malades qui, malgré une hygiène alimentaire parfaitement surveillée, aboutissent à la constipation avec des manifestations cutanées diverses (eczéma, urticaire, etc...). Ces enfants sont des constipés par atonie native, puis par insuffisance de sécrétions, par hypohépatie. *Châtel* sera ici un souverain remède parce qu'en outre du réveil des contractions intestinales on obtiendra avec les eaux une excitation des fonctions du foie.

Toutes les constipations ne sont pas d'origine

motrice, comme celles que nous venons d'étudier, et cette dernière forme, mixte pour ainsi dire, nous sert de transition pour parler des constipations d'origine purement sécrétoire, celles qui sont liées à un défaut de sécrétion des glandes annexes de l'intestin, des glandes intestinales elles-mêmes, du foie, du pancréas.

Les enfants qui présentent des matières fécales sèches, déshydratées, habituellement décolorées ou très pâles, contenant de la graisse en quantité plus ou moins considérable, sont justiciables de *Châtel-Guyon*.

Je dirai même plus : je n'attends pas chez ces petits malades que s'installe une constipation habituelle. Très fréquemment en effet on nous conduit des enfants de teint jaune, nettement cholémiques, dont le foie déborde les fausses côtes, et dont les selles, quoique quotidiennes, sont ordinairement mal colorées. D'autre part, ces petits malades présentent des phénomènes d'auto-intoxication, des selles très odorantes, des éruptions cutanées diverses, quelquefois des crises diarrhéiques, des migraines plus ou moins tenaces, un certain degré d'appendicite chronique, etc.... En un mot tout le tableau que nous sommes habitués à considérer comme la manifestation d'une *hypohépalie*, d'une *alonie hépalique* comme l'ont dit MM. GILBERT et LEREBOULLET.

Chez ces enfants, *Châtel-Guyon* remet tout en ordre, en excitant les diverses fonctions du foie, en stimulant particulièrement la fonction biliaire.

Et c'est ainsi que j'ai également l'habitude de conseiller *Châtel-Guyon* aux enfants atteints de *vomissements acétonémiques*. Dans une autre publication *(Soc. Pédiatrie et Pédiatrie pratique)* j'ai dit que je considérais que les troubles de fonctionnement du foie étaient le plus ordinairement à l'origine de ce syndrome clinique, que les petits malades soient ou non des constipés. Aussi j'estime que la cure par les eaux de *Châtel-Guyon* leur est éminemment favorable.

Dans le plus grand nombre des cas que j'ai observés, les malades avaient une hérédité arthritique chargée, un foie fonctionnellement et héréditairement déficient; le plus souvent, ils étaient des constipés francs, ou frustes, c'est-à-dire ne se vidant jamais complètement. Sous l'influence de l'accumulation progressive des matières fécales, le foie s'encombre des poisons d'origine intestinale qu'il détruit mal à cause de son atonie et de la quantité de ces poisons; à un moment donné « le vase déborde » et éclate la *crise* de vomissements qui n'est autre chose qu'une manifestation de l'intoxication de l'organisme par les poisons autogènes, une véritable décharge de ces poisons, non arrêtés, non transformés par le foie.

On conçoit comment la cure de *Châtel-Guyon* peut être utile à tous égards à ces enfants non seulement parce qu'elle agit sur leur intestin, mais aussi sur leur foie.

Entéro-colites. — *Châtel-Guyon* n'exerce pas son action bienfaisante seulement sur tous ces troubles d'hypofonctionnement que nous venons d'étudier. Il est encore souverain dans certaines formes d'entérite sur lesquelles je désire maintenant m'arrêter.

C'est particulièrement l'entérite muco-membraneuse qui est justiciable de cette cure thermale.

On sait que le terrain, l'hérédité neuro-arthritique surtout, tient une grande place dans la pathogénie de cette affection, ou, pour parler plus exactement, de ce syndrome clinique. J'ai vu un bon nombre de colites de cette allure se manifester chez des enfants pour lesquels il m'était impossible de retrouver soit une origine infectieuse, soit des fautes d'hygiène alimentaire. Je ne parle pas, bien entendu, des colites chroniques consécutives à des colites aiguës, mais bien de ces formes d'emblée chroniques, entrecoupées seulement, de temps à autre, par des épisodes aigus.

Je considère même que, dans un très grand nombre de cas, les troubles dyspeptiques liés à une mauvaise alimentation ne constituent qu'une prédisposition, et que sans le terrain spécial neuro-arthritique, ils ne conduiraient jamais à l'entéro-colite muco-membraneuse.

La constipation habituelle, elle-même, en dehors de celle dont nous parlions plus haut qui reconnaît nettement une origine arthritique, ne crée jamais cette forme de colite. Elle s'accompagne de sécrétions glaireuses, de productions de membranes qui entourent les scybales, mais jamais on n'observe de par cette simple constipation non diathésique, le syndrome classique de l'entéro-colite.

On a voulu distinguer dans les colites muco-membraneuses les formes spasmodiques et les formes atoniques. C'est là une distinction tout à fait théorique, et je n'ai encore jamais vu un seul cas où il n'existait pas un certain degré de spasme. Bien mieux, je considère que les soi-disant formes purement atoniques, si rares à la vérité, ne sont que des cas de constipation rebelle avec production de glaires, mais sans phénomènes inflammatoires nets.

La plus grande partie de ces colites chroniques doivent être envoyées à *Châtel-Guyon* et pas plus ici que pour la constipation spasmodique, je n'admets la division : les atoniques à *Châtel*, les spasmés à *Plombières*, pas plus que les entéritiques constipés à *Châtel* et les diarrhéiques à *Plombières*.

A *Châtel*, on guérit très bien ces formes de colites chez les nerveux qui présentent des douleurs et des crises diarrhéiques. Il s'agit simplement de n'envoyer les malades à la station que lorsqu'ils sont loin de toute poussée aiguë, et là-bas il faudra leur doser progressivement la boisson, insister beaucoup au début sur les bains et les massages doux par la douche sous-marine, et peu à peu le spasme cédera; et l'on se trouvera en face d'un malade ordinaire justiciable de la pleine cure.

Certes, je ne veux pas conseiller *Châtel* aux malades qui présentent presque constamment des douleurs et qui ont des crises aiguës douloureuses fréquentes et prolongées, dont la diarrhée est presque permanente. Mais, au contraire, nous y enverrons ceux chez lesquels la constipation sera le phénomène dominant, alors même qu'il y aura un spasme accentué et douloureux du côlon.

En résumé, à *Plombières*, nous enverrons les enfants présentant des paroxysmes douloureux fréquents, avec crises diarrhéiques intenses, et tendance habituelle à la diarrhée, les névropathes faisant de la « névrose intestinale » tandis qu'à *Châtel* nous adresserons les petits constipés, spasmés ou non, chez lesquels domineront les accidents d'auto-intoxication.

Evidemment pour ces intestins sensibles, réagissant trop facilement à toutes les excitations, la boisson sera lentement et sagement administrée ; on ne donnera au début que des doses très inférieures à celles pouvant produire un effet laxatif, et, progressivement, l'intestin s'y habituant, on arrivera à faire tolérer des doses normales.

Chez les entéritiques justiciables de *Châtel-Guyon* je suis également partisan de prescrire, surtout au début, des lavages intestinaux, donnés à la température du corps, avec une grande prudence, une lenteur excessive, et une pression très réduite ; il faut que l'eau s'insinue pour ainsi dire dans l'intestin, et si l'on s'aperçoit au bout d'une certaine dose que cette eau ne pénètre plus, on doit arrêter et ne pas chercher ce jour-là à vaincre le spasme.

Ces lavages, sagement conduits, ont un effet

excellent; ils nettoient, déblaient la muqueuse de toutes les productions glaireuses qui l'encombrent, ils diminuent rapidement la fétidité des selles, et font rapidement cesser la constipation. On pourra, dans les cas délicats, les espacer tous les trois à quatre jours, les interrompre s'ils amènent des douleurs; mais, je le répète, si on sait les pratiquer avec modération, ils sont de la plus grande utilité.

On verra plus loin combien ils sont également très favorables dans les traitements à domicile.

Les auto-intoxiqués.— On nous consulte également assez souvent pour des petits malades dyspeptiques, habituellement constipés ou plutôt ne se vidant qu'incomplètement tous les jours, et qui présentent à tous propos des accidents d'intoxication gastro-intestinale avec fièvre. Ce sont des enfants, d'ailleurs, qui sont presque constamment sub-fébriles; le matin ils ont 37°2, 37°3, et le soir 37°8, 37°9. Toujours ils ont la langue chargée, le matin leur haleine est fétide; ils ont un sommeil agité, entrecoupé de cauchemars et de terreurs. Les uns présentent une susceptibilité particulière pour la viande, d'autres s'intoxiquent dès qu'ils absorbent un œuf, d'autres enfin ne peuvent tolérer le moindre laitage. Parfois les accidents fébriles se prolongent si longtemps, à l'occasion d'une indigestion quelconque, qu'on parle de fièvre typhoïde, ou paratyphoïde, de coli-bacillose, ou d'une septicémie tuberculeuse. En réalité ce sont des auto-intoxiqués, des auto-infectés et le plus

souvent tout cède avec un bon purgatif ou quelques lavages intestinaux, mais pour réapparaître
quelque temps après.

Ces enfants sont justiciables de Châtel-Guyon,
qui les désintoxique, qui nettoie leur foie et leur
tube digestif et permet ensuite d'élargir sans
danger leur régime alimentaire.

L'appendicite et les typhlo-colites. — Je n'oserai
pas dire que *Châtel-Guyon* guérit les appendicites chroniques. J'estime qu'ici la chirurgie
a seule le droit de parler. Mais il s'agit
de bien s'entendre et de ne pas prendre pour une
appendicite ce qui n'est qu'une typhlo-colite, qui
elle, est tout à fait justiciable de la cure de *Châtel.*
Je crois que les soi-disant appendicites guéries à
Châtel n'étaient que des typhlo-colites. Je n'en
citerai qu'un exemple dont j'ai bien souvent causé
avec le regretté docteur AUBŒUF, qui l'avait
soigné à *Châtel.*

Il s'agissait d'un enfant que d'autres confrères
de Lille avaient traité pour une crise de soi-disant
appendicite. On avait même préparé le bistouri :
il paraît qu'une tuméfaction était tellement nette,
qu'on avait été à deux doigts de l'ouvrir. Puis la
fièvre était tombée à temps, et, en fin de compte,
le processus aigu guéri, on avait envoyé l'enfant
à *Châtel.* Il en revint tout à fait guéri. C'était un
beau cas d'appendicite chronique guérie par les
Eaux ! !

Mais plus tard, cet enfant continua à présenter

des troubles gastro-intestinaux à l'occasion desquels je fus consulté. Je n'ai pas trouvé chez lui *trace* de l'appendicite ancienne, et je ne sache pas qu'un appendice qui a failli s'abcéder puisse revenir ainsi totalement *ad integrum*. En revanche, je suis tout à fait persuadé qu'il s'était agi d'un cas de typhlocolite avec menace d'abcès pérityphlique.

En résumé, et pour conclure d'un mot, sur l'action si efficace des Eaux de *Châtel* sur le tube digestif, je dirai qu'elles agissent comme *régulatrices* de ce tube digestif tout entier, aussi bien des fonctions intestinales proprement dites, que de celles des glandes annexes, foie, pancréas, etc.... Aussi, comme le disait le professeur LANDOUZY dans sa conférence du V. E. M. de 1912, nous enverrons dans cette Station tous les détraqués abdominaux, parce que l'on y fait en réalité une véritable orthopédie intestinale.

Les Déminéralisés. — A côté de cette action élective et fonctionnelle prépondérante, il nous faut signaler les effets reminéralisateurs de l'Eau de *Châtel-Guyon*. On n'a pas oublié la haute teneur en sels de ces Eaux, pas plus que les effets toniques que nous avons signalés sur l'hématopoièse. Or, on connaît les effets nocifs des entérites graves sur la nutrition générale que MM. LŒPER et ESMONET ont récemment mis en lumière en montrant la déminéralisation excessive observée chez ces malades. N'est-il pas courant de voir des petits malades touchés fortement et longuement par l'entérite présenter un arrêt dans leur croissance, et des troubles graves de la santé générale qui aboutissent en fin de compte à la tuberculose.?

On ne saurait donc trop mettre en lumière l'action reconstituante des Eaux de *Châtel-Guyon*. Grâce à elle, on peut réalimenter plus rapidement les petits malades, car dès le début l'action eupeptique se manifeste, l'appétit renaît et les digestions et l'assimilation s'effectuent mieux. Les hématies augmentent de nombre, le taux de l'hémoglobine s'élève. Enfin les sulfates et les carbonates qui existent en grande quantité dans les Eaux ont une action reminéralisante et recalcifiante très utile.

A ce point de vue encore, si important chez nos petits entéritiques chroniques, toujours affaiblis, la cure de *Châtel* est une précieuse ressource pour notre thérapeutique.

CURES A DOMICILE

L'eau de *Châtel-Guyon*, surtout caractérisée par sa forte minéralisation et cette association si importante du chlorure de sodium et du chlorure de magnésium conserve, par le transport, après embouteillage, la plus grande partie de ses propriétés originelles.

Certes je ne veux pas dire que l'on peut absolument suppléer à la cure à *Châtel* par un traitement à domicile. Il y a une chose que l'on ne peut trouver chez soi, c'est ce bain carbo-gazeux si efficace, cette douche massage abdominale, et toute l'ambiance d'une cure toni-sédative due à l'excellence de ce climat parfait pour les petits débilités par l'intoxication gastro-intestinale.

Mais il n'en est pas moins vrai que la cure à domicile, qui a pour la plupart des Stations un effet heureux indéniable, trouve son application particulièrement heureuse avec l'Eau de Gubler. J'y soumets tous mes petits malades et n'ai eu qu'à me louer depuis longtemps de cette pratique.

Il y a toutefois, je me hâte de le dire, une différence appréciable entre l'Eau embouteillée et celle prise au griffon. Sous l'influence de la perte de gaz carbonique et du refroidissement, une partie des bicarbonates de chaux et de fer sont précipités au fond de la bouteille, à l'état de carbonates.

Mais je n'ai guère trouvé d'inconvénients à cette modification. Il est assez aisé en chauffant la bouteille au bain-marie, de manière à amener l'eau aux environs de 37°, d'obtenir une nouvelle dissolution des sels précipités.

L'embouteillage se fait à *Châlel* avec un luxe de précautions qu'on ne saurait trop louer. C'est la source Gubler qui est seule employée. L'eau est prise sur le griffon même. A aucun moment elle n'est mise en contact de l'air et elle se trouve ainsi placée dans les meilleures conditions pour conserver sa pureté.

Quant aux bouteilles, elles sont lavées à grande eau dans une auge à eau courante, puis, par un

dispositif spécial, brossées intérieurement et exté-
rieurement. Une autre machine les rince, les
égoutte. Puis le remplissage est fait en huit
secondes.

Chez tous les malades justiciables d'une cure
à *Châtel*, on a intérêt à employer à domicile la
source Gubler, soit comme boisson, soit comme
lavage intestinal.

En boisson, voici comment il convient d'opérer :
On recommandera de pas faire chauffer l'eau
dans la bouteille d'origine. On peut la transvaser
dans une autre bouteille très propre ; de cette façon
on laisse de côté les carbonates de chaux et de fer,
et le goût styptique de l'eau est à peu près évité, ce
qui est très appréciable chez l'enfant.

Je conseille donc, l'eau étant transvasée, de la
faire chauffer à 28° au bain-marie ; puis on en
donne à l'enfant : 150 grammes le matin à jeun,
puis 150 grammes avant le repas de midi et 150
grammes avant celui du soir. Cette cure est prolongée pendant un mois. On fait ensuite deux mois
de repos, et on reprend un mois de traitement.

Si l'on a affaire à une constipation spasmodique,
avec des phénomènes douloureux, il vaut mieux
donner l'eau sans la réchauffer.

Chez les enfants, déjà âgés, d'une dizaine d'années ou plus, je conseille en outre de s'en servir
comme eau de table, en la coupant avec un peu de
vin blanc léger.

Il résulte des cas nombreux que j'ai observés que
cette façon de procéder perfectionne pour ainsi dire

les résultats obtenus pendant la saison, et je suis persuadé que si un certain nombre de mes petits malades pourtant très constipés n'ont pas dû retourner à *Châtel*, c'est à ces post-cures à domicile que l'on doit l'attribuer.

Je viens de voir, entre beaucoup d'autres, un enfant de 7 ans, qui en 1912 fit une cure à *Châtel*, avec plein succès, pour une constipation opiniâtre. Jusqu'en décembre il resta en parfaite santé. A cette époque, il commença à s'encombrer et à avoir des garde-robes moins copieuses et plus odorantes. Je fis instituer le régime thérapeutique exposé plus haut. Très rapidement la langue se nettoya, les selles redevinrent abondantes et d'aspect tout à fait normal. Il va retourner cette année à *Châtel* plutôt par mesure prophylactique, mais, à la vérité, son état intestinal actuel ne réclamerait pas cette nouvelle cure.

Les doses que je viens d'indiquer sont à prescrire chez des enfants atones, d'âge moyen, 7 à 8 ans par exemple. Si l'on a affaire à des bébés, on diminuera les doses, et j'estime qu'avec 75 à 100 grammes par prise, on obtient les résultats désirés chez des enfants de 2 à 3 ans. Chez les sujets plus âgés, on pourra donner jusqu'à 200 grammes par prise.

Si l'on avait affaire à des enfants particulièrement sensibles, à des malades à paroxysmes douloureux, il n'y aurait pas là une raison suffisante pour écarter le traitement à domicile. C'est une question de prudence et de dosage de l'eau. Il convient alors de tâter la suceptibilité du sujet et de commencer par des doses minimes.

Je me souviens avoir envoyé, il y a trois ans, à *Châtel*, en 1910, un enfant de 5 ans, qui au mois de janvier précédent avait présenté une crise très violente d'entéro-colite. Il avait en dehors de cette crise, du spasme du côlon, et se plaignait constamment de coliques. On lui avait conseillé d'aller à *Plombières*, et un autre de mes collègues de Lille, envisageant surtout les phénomènes nerveux très accentués chez ce petit malade, avait plutôt engagé la famille à aller à *Néris*, ou si l'on ne voulait pas faire de traitement thermal, de le conduire en Suisse, dans une Station de demi-altitude.

Quelle ne fut pas la stupéfaction du médecin traitant de me voir lui conseiller *fermement* et *sans hésitation* une cure à *Châtel*. Je le priai alors de me confier l'enfant pendant les deux mois qui le séparaient encore du moment de la saison, désirant « l'acclimater à son traitement ». Je prescrivis tous les jours 50 grammes d'Eau le matin, puis fis donner comme boisson aux repas, de l'eau d'Evian avec 50 grammes de Gubler mélangés.

Au bout de quinze jours, je donnai en outre 50 grammes avant le repas de midi, 50 grammes avant le repas du soir. Et quand en juin 1910 l'enfant partit à *Châtel*, il était déjà méconnaissable. Son teint s'était éclairci, la constipation était moins tenace, les selles commençaient à se régulariser, et jamais les phénomènes douloureux n'avaient paru s'aggraver sous l'influence de ce traitement.

Revenu de *Châlel*, il était tout à fait déconstipé et ne souffrait plus du ventre. Les glaires et les membranes n'ont plus jamais reparu.

Toutes les formes de constipation et de colite membraneuse sont justiciables de ce traitement à domicile; on doit aussi le prescrire chez tous les petits auto-intoxiqués, chez ceux dont le foie est en hypofonctionnement. Nous pourrions répéter ici ce que nous avons exposé plus haut pour les cures à la Station.

En dehors de la boisson, j'ai également l'habitude de prescrire des lavages intestinaux faits avec l'Eau de Gubler.

Mais ici, il ne s'agit pas d'imposer à un petit malade des lavages intestinaux, pendant des mois et des mois, sans aucune mesure et sans aucun discernement. Avec une telle pratique, on va à l'encontre du résultat à obtenir; chez les constipés, par exemple, on produirait ainsi une exagération de l'atonie intestinale.

Qu'on me permette donc d'exposer ici ma façon de procéder basée sur une expérience de plusieurs années.

Voici par exemple un constipé par atonie intestinale. Je commence par prescrire le premier jour une grande irrigation d'un litre, un litre et demi, deux litres, suivant l'âge, avec de l'Eau de *Châlel-Guyon Gubler*. Je fais chauffer l'eau au bain-marie, dans la bouteille d'origine, jusqu'à ce qu'elle ait atteint 45 degrés. Son transvasement dans le bock la refroidit ensuite, et je fais faire le lavage à 40 degrés. Tous les sels précipités sont à nouveau dissous.

Ce premier lavage amène une débâcle et vide l'intestin.

Puis, pendant quinze jours, je prescris un lavage quotidien de un demi-litre chez les grands, de 250 grammes chez les petits, en demandant qu'on s'efforce de le faire conserver le plus longtemps possible.

Au bout de quinze jours, les lavages ne sont plus faits que deux fois par semaine, pendant une nouvelle quinzaine. Puis on administre un lavage hebdomadaire; toujours les mêmes quantités et à la même température que celles dites plus haut.

Je conduis ainsi mon petit malade jusqu'au moment où il peut aller à *Châtel*, avec la cure de boissons dite plus haut.

Au retour de la Station, il faut s'abstenir de tout traitement pendant trois à quatre mois, et ce n'est qu'au bout de cette période que je prescris une cure de boissons comme je l'ai exposé précédemment, et un seul lavage intestinal hebdomadaire de un demi-litre à un litre (suivant l'âge) avec de l'Eau de Gubler.

Les lavages intestinaux ne sont également faits que pendant les périodes où l'enfant boit de l'Eau à domicile. Quand l'état du petit malade permet de cesser la boisson, on cesse également les lavages.

Il est bien entendu que ces lavages doivent être

faits avec une extrême prudence, sans pression ou pour mieux dire avec la pression juste nécessaire pour amener l'écoulement du liquide. L'eau s'insinue dans l'intestin sans secousses, sans à coups, sans douleurs, remonte très haut, et j'ai pu ainsi obtenir que des enfants la conservent longtemps avant de l'expulser, ce qui n'est pas sans amener une action bienfaisante sur la tonicité des muscles intestinaux, et sur les lésions de la muqueuse lorsqu'il en existe.

Pour les lavages intestinaux, je me sers de la sonde n° 1, dite sigmoïde, et de la sonde n° 2, dite medio-colique de Châtel Guyon. Avec la sonde médio colique je fais faire les grandes irrigations du début pour nettoyer à fond et débarrasser complètement ces intestins encombrés de matières, ou encore, dans les cas de colite-membraneuse, pour expulser toutes les membranes stagnant dans l'intestin. Puis les lavages ultérieurs de simple évacuation rectale sont pratiqués avec la sonde n° 1 sigmoïde.

Indépendamment des cures réalisées soit à la station, soit à domicile avec l'Eau de Gubler, il y a intérêt à parfaire, pour tous les malades, le régime diététique habituellement prescrit par l'usage aux repas, d'une eau de table, connue sous le nom de *Source légère* faiblement minéralisée, moyennement gazeuse, débarrassée de son excès de sels, de fer et de chaux. C'est une boisson excellente pour tous les malades chez lesquels nous avons dit que la cure de *Châtel* était indiquée.

CONTRE-INDICATIONS

Nous ne reviendrons pas ici sur les diverses circonstances où la cure de *Châtel* est contre-indiquée. Tout notre exposé clinique a suffi pour montrer les cas qu'on doit réserver à d'autres Stations, telles que *Plombières*. Il est évident que dans des cas d'entérite à paroxysmes très aigus, *Châtel* serait nuisible. Chez les hyperchlorhydriques, l'action eupeptique excitante de la sécrétion qu'on observe à *Châtel* produirait des résultats tout à fait défavorables.

Enfin chez les enfants très débilités par une entérite grave, chez ceux atteints d'entérite tuberculeuse, *Châtel-Guyon* ne doit pas être conseillé.

Il en est de même pour ceux présentant des troubles rénaux, chez ceux dont la perméabilité rénale laisse à désirer.

VICHY

Il est vraiment surprenant de lire dans les leçons cliniques et thérapeutiques de J. SIMON que cet admirable clinicien répudiait presque les cures de *Vichy* chez les enfants, et qu'il en était encore à redouter la cachexie alcaline.

Et pourtant quels services considérables cette station n'est-elle pas appelée à rendre à nos petits malades ! Nous avons toujours profondément déploré de ne pas y voir envoyer plus souvent les enfants, surtout à notre époque où l'hérédité hépatique et gastropathique pèse si lourdement sur notre descendance. Depuis la seconde enfance jusqu'à l'adolescence les malades ne peuvent que bénéficier de l'action des Eaux de *Vichy*, bien maniées et prudemment administrées. Nous allons essayer de montrer quelles sont les indications, chez les enfants, à l'emploi de ces Eaux, que les praticiens, encore imbus de l'ostracisme imposé par J. SIMON, ne savent pas encore suffisamment bien. appliquer aux petits malades.

Vichy jouit, on le sait, d'un climat particulièrement doux et tempéré. La ville est bâtie dans un beau et riant vallon sur la rive droite de l'Allier.

Entourée de jolis parcs et boulevards, elle est divisée en deux parties distinctes : *Vichy-les-Bains* ou le nouveau *Vichy* au Nord, qui occupe en grande partie l'emplacement de l'ancienne ville romaine et qui renferme les établissements thermaux, les parcs

DÔME D'ENTRÉE DE L'ÉTABLISSEMENT.

et la plupart des hôtels; et *Vichy-la-Ville*, au Sud et à l'Est, qui occupe l'emplacement de la ville du moyen-âge.

De nombreux et magnifiques travaux d'embellissement ont fait de *Vichy* une ville agréable où l'hygiène, l'élégance et le bien-être trouvent également satisfaction. Cette station est, en outre, à la portée de tous, puisqu'on y trouve, à côté des palaces luxueux, des installations modestes où les malades moins fortunés trouvent des abris très confortables.

Les divers historiens qui se sont occupés jusqu'à ce jour des origines de *Vichy* n'ont pu leur assigner une-date certaine. Le nom lui-même a exercé la sagacité des savants sans que la lumière se fît dans leur esprit.

Ce qui est certain, c'est que vers l'an 380, saint Martin, évêque de Tours, fonda l'abbaye du Moutiers à *Vichy*; ce monastère fut détruit par les hordes normandes vers 845. *Vichy* subit le même sort, mais fut reconstruit dans le siècle suivant. Vers la fin du XIVe siècle, le duc de Bourbon fortifia la ville et l'entoura d'une enceinte de murailles. Le donjon et la chapelle du château féodal sont, d'ailleurs, encore debout.

En 1411, fut fondé le Couvent des Célestins dont les Moines commencèrent à faire connaître les Eaux de *Vichy*. La renommée de cette station s'accrut à la suite des ouvrages publiés par les médecins ordinaires de Louis XIV, et fut bien plus grande encore quand Madame de Sévigné y fut venue faire une cure en 1676.

Les personnages illustres ne manquèrent d'ailleurs pas dans cette station. Chapelain, Fléchier, Madame de Sévigné, le Chevalier de Lorraine, le duc de Bouillon, Mesdames Adélaïde et Victoire de France et Napoléon III vinrent tout à tour s'y soigner.

En 1814, la première pierre de l'établissement thermal est posée et en 1853 l'État concéda à la Compagnie Fermière le droit d'exploitation de ses sources. Et depuis ce temps, la situation de *Vichy* est devenue de jour en jour plus florissante.

L'*Établissement thermal*, qui est à juste titre considéré comme un modèle du genre, comprend deux édifices distincts : le premier aménagé pour les bains de 1re classe, le second pour les bains de 2e et de 3e classe.

L'établissement thermal de 1re classe, édifice de 170 mètres de long, comprend 136 cabines de bains ; 13 grandes douches avec vestiaires ; 24 dou-

ches massages avec vestiaires et lits de repos;
36 douches ascendantes; 2 douches avec bains;
20 caisses pour bains généraux ou locaux d'air
chaud ou de vapeurs; 4 salles de massages; 5
douches de vapeur; 14 installations de douches
sous-marines avec bains à eau courante, en baignoires ou en piscines individuelles.

Une série de salles pour lavages d'estomac et de
vessie, douches nasales et auriculaires, pulvérisations de la gorge, bains d'acide carbonique,
inhalations d'oxygène et d'acide carbonique ;
2 bains de lumière ; un Institut de Mécanothérapie ;
un service complet d'Electrothérapie avec bains
Schnée; 2 bains carbo-gazeux; une installation de
faradisations généralisées (système Bergonié);
une installation complète de courants à haute
fréquence; un service de radioscopie et radiogra-
phie; 2 bains de lumière (système Dowsing);
2 caisses de bains de lumière à incandescence;
2 douches d'air chaud, etc.., etc..,

L'établissement des 2e classes comprend :
110 cabines de bains; 4 grandes douches; 2 douches avec bains; 4 douches massages; 10 douches
ascendantes; un service complet de bains et inhalations d'acide carbonique, inhalations d'oxygène;
1 bain électrique et lavages d'estomac; 2 caisses de
bains d'air chaud.

L'établissement des 3e classes comprend : 64
cabines de bains; 4 grandes douches et 4 douches
ascendantes.

Si ces diverses installations diffèrent plus ou

moins comme luxe selon la classe, elles sont égales devant les lois du progrès et de l'hygiène.

Une annexe de l'Établissement thermal vraiment intéressante à visiter est la *Pastillerie*, vaste bâtiment où la Compagnie Fermière a réuni l'Usine pour l'extraction du sel naturel des Eaux minérales, les ateliers de fabrication des « Pastilles de Vichy-État »; des paquets de « Sel Vichy-État », des

FAÇADE DU CASINO.

« Comprimés de Vichy-État » et enfin les magasins de vente de ces produits, tous fabriqués avec le sel naturel extrait des Eaux. Nous ne pouvons, à notre grand regret, étudier en détail ces diverses installations dont la visite est particulièrement intéressante.

En ce qui concerne l'*expo lation* des Eaux de *Vichy*, nous avons pu constater que toutes les opérations pratiquées tant à la Gare d'emballage où se fait l'arrivée des bouteilles et leur

lavage suivi du rinçage à l'eau stérilisée, qu'aux
griffons des Sources où se fait l'emplissage, sont
menées de façon à conserver toute leur pureté aux
eaux des diverses Sources et à les soustraire complètement aux contaminations pouvant résulter
de leur embouteillage.

La Compagnie Fermière a d'ailleurs été largement récompensée des sacrifices consentis dans ce
but puisque l'exportation annuelle des bouteilles

SOURCE DES CÉLESTINS.

de *Vichy* qui était de près de 3 millions en 1878,
arrivait à 15 millions en 1902, et atteint actuellement 25 millions.

L'État possède à *Vichy* les sources suivantes :
*Grande-Grille, Hôpital, Célestins, Le Parc, Puits
Chomel, Lucas*, et en outre la source *Mesdames*, à
Cusset, et la source *Hauterive*, à Hauterive.

La source des *Célestins*, qui doit son nom à un

ancien couvent des Célestins, est située derrière le vieux *Vichy*, sur les bords de l'Allier. Elle jaillit directement d'un vaste massif de roches, d'où sort également la Source de l'*Hôpital*. Son débit dépasse 140.000 litres par vingt-quatre heures. L'eau de cette source est fraîche et pétillante. Elle est indiquée dans les cas de gravelle urique et de coliques néphrétiques qui les accompagnent, de goutte, de diabète, et dans les périodes de début des affections chroniques des voies urinaires. Le transport n'atténue pas l'efficacité de l'eau de cette source.

SOURCE HÔPITAL.

La source de l'*Hôpital* jaillit dans un très vaste réservoir situé derrière le Casino. Sa température est de 33° centigrades, son débit est de 60.000 litres par vingt-quatre heures et fournit l'eau minérale

utilisée aux bains de l'Etablissement de l'hôpital.
C'est à cette source que vont les personnes ayant
des affections des organes digestifs.

La *Grande-Grille* (41°25) est peut-être la plus
universellement connue de toutes les sources de
Vichy. Au centre d'un bassin circulaire, l'eau
jaillit et bouillonne. Ce phénomène d'ébullition
est dû à la pression souterraine et à la grande
quantité d'acide carbonique dont la source est
saturée. L'eau de la *Grande-Grille* est spécialement employée dans les cas d'affection du foie et

SOURCE GRANDE-GRILLE.

surtout contre les coliques hépatiques qui accompagnent la lithiase biliaire.

Bien que ne pouvant rivaliser avec les trois précédentes, les cinq autres sources dont nous allons dire un mot maintenant sont cependant employées avec le plus grand succès dans une quantité de cas, et on les associe utilement à la cure de certaines manifestations morbides, soit au début, soit à la fin de traitement.

La Source *Chomel* est la plus chaude (42º6) des Eaux de *Vichy*. Son débit est énorme et assure, avec celui de la *Grande Grille*, le service des Bains et des installations hydrothérapiques des Etablissements thermaux de 1re, de 2e et de 3e classe.

La Source *Chomel* a des qualités sédatives, qui la rendent précieuse dans les cas d'hypersthénie gastrique, dans certaines entérites, chez les sujets hypertendus et congestifs, et surtout pour les cas dans lesquels on a des raisons de craindre l'action trop excitante, trop remuante de la *Grande Grille* à l'égard du foie et des voies biliaires.

En raison de ces qualités, la *Source Chomel* a des indications nombreuses et importantes dans la thérapeutique hydro-minérale infantile.

Cette source possède, en outre, une action spéciale, élective sur la muqueuse des voies respiratoires et est employée dans certaines pharyngites, et bronchites chroniques d'origine arthritique. Des salles de gargarismes sont annexées à la buvette de Chomel.

La source du *Parc*, moins froide et moins active que les Célestins, se digère bien, avec son petit goût soufré. Elle est très efficace quand il s'agit de combattre les troubles gastriques peu importants et de stimuler les fonctions rénales.

La température intermédiaire de la source *Lucas* la rend précieuse dans tous les cas où l'eau chaude et l'eau froide sont mal supportées, lorsqu'on ne veut agir qu'avec ménagement. Elle jouit d'une efficacité spéciale contre les affections cutanées, oculaires, nasales, d'origine arthritique ou hépatique.

La source *Mesdames*, à Cusset, est très gazeuse. Elle est amenée par des tuyaux dans la galerie des Sources où se trouve sa buvette.

Le fer et l'arsenic qu'elle contient la rend très utile chez les débilités, les chlorotiques, les adynamiques.

L'Eau d'*Hauterive* se rapproche par sa composition de celle du Parc, avec des traces de fer en plus. Elle sert uniquement à l'exportation.

En résumé, il y a à *Vichy* des sources thermales (Chomel, Grande-Grille, Hôpital, Lucas), et des sources froides (Mesdames, Célestins, Parc, Dubois, Lardy).

Toutes ces eaux ont le type des alcalines fortes qui leur donne leur caractère spécial et leur physionomie thérapeutique ; ce sont surtout des eaux bicarbonatées. Mais ce caractère dominant n'empêche pas que chaque source a son individualité propre et ses applications particulières. C'est précisément ce qui rend si difficile l'étude clinique de *Vichy* et qu'ici, plus encore que dans n'importe quelle Station il faut au médecin une grande expérience et une sagacité raisonnée pour prescrire telle ou telle source, suivant le malade. La source à prendre dépend, en effet, plus du malade que de la maladie, et, surtout, bien plus des modalités cliniques présentées par tel ou tel patient.

SALLE DE MÉCANOTHÉRAPIE.

MODE D'ACTION

Comme nous l'avons dit, on trouve à *Vichy* une gamme de thermalité très intéressante au point de vue thérapeutique qui permet d'administrer les différentes Sources suivant des indications thérapeutiques spéciales.

L'eau doit être donnée autant que possible l'es-

tomac étant vide et n'y pas séjourner trop longtemps sous peine d'exciter la muqueuse. Aussi les
doses doivent être fractionnées.

Il ne faudrait pas croire que l'Eau de *Vichy* agit
comme une simple solution de bicarbonate de
soude; elle sature l'acidité, et dissout le mucus gastrique comme cette dernière. Mais l'action excitante sur le suc gastrique se produit surtout avec les
sources froides, tandis que les chaudes sont sédatives; de même les sources chaudes sont anti-
spasmodiques, et les sources froides excitent les
contractions gastriques.

Magré cela, l'expérimentation a prouvé que les
hyposthéniques se trouvent mieux de la source
tempérée de l'*Hôpital*. Les sources chaudes de
Grande-Grille et de Chomel sont très calmantes
chez les hypersthéniques.

Ce qu'il y a de très curieux, c'est que l'Eau de
Vichy ne modifie que très faiblement le chimisme
gastrique; les améliorations et les guérisons notées
le sont donc par une modification indirecte ulté-
rieure de ce chimisme, par action de l'Eau sur les
éléments nerveux et musculaires de l'estomac. Les
effets sécrétoires glandulaires se produiraient donc
par l'intermédiaire des modifications imprimées
aux systèmes nerveux et musculaire.

Du côté de l'intestin, on observe d'abord de la
constipation, puis des débâcles diarrhéiques avec
décharges biliaires.

Il serait intéressant de savoir quelle est l'action
de l'eau sur la sécrétion pancréatique, si troublée

chez l'enfant atteint de dyspepsie gastro-intestinale ou d'entérite chronique. Malheureusement, on en est réduit ici à des hypothèses, et l'on pense que la richesse en ferments pancréatiques serait augmentée.

Mais l'action prépondérante, capitale, la mieux connue, est celle que l'Eau de *Vichy* exerce sur le foie. Les enfants à gros foie, sensible, le voient diminuer assez rapidement de volume, et n'être plus douloureux au toucher; mais il faut bien savoir que dans les premiers jours il se produit au contraire une sorte de congestion de l'organe, qui déborde plus largement, et montre une sensibilité parfois très grande. Ce phénomène se produit surtout avec l'Eau de la Grande-Grille. Mais ces symptômes cèdent rapidement et spontanément; ou bien si on les voit devenir trop intenses ou se prolonger, quelques jours de Chomel ou de l'Hôpital font tout rentrer dans l'ordre.

On conçoit combien sont imprudents les malades qui ont la prétention de vouloir guider seuls leur cure ou celle de leurs enfants; il y a là des réactions importantes que, seul, un praticien expérimenté peut guider, susciter ou enrayer.

La fonction biliaire est améliorée aussi par la cure de *Vichy*; la bile devient plus alcaline, plus fluide; l'Eau de *Vichy* a une action antiseptique et désinfectante des voies biliaires.

La fonction glycogénique est aussi très modifiée et régularisée.

Ajoutons à cela une élévation du rapport azoturique, une diurèse importante.

L'influence de l'Eau sur l'état général est encore là pour démontrer l'imprudence grave que commettent les malades qui entendent se soigner sans direction médicale. On voit en effet chez certains malades asthéniques, ou bien lorsque l'on donne de

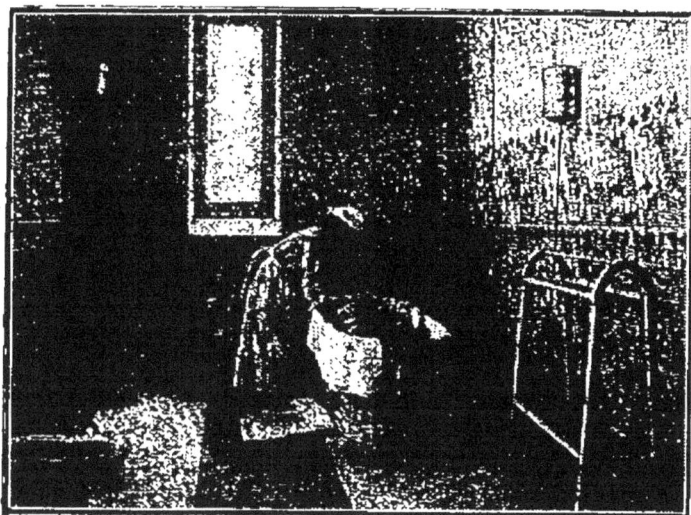

CABINE DE LUXE.

trop fortes doses, se produire de la dépression; d'autres fois, au contraire, il se fait une véritable fièvre thermale avec surexcitation, fièvre, céphalées et tendances congestives. On devra donc toujours avoir le plus grand soin de mettre les malades en garde contre les exagérations de boissons, qui peuvent amener un degré accentué d'asthénie; il faut s'efforcer, comme l'a dit MAX DURAND-

Fardel, d'obtenir « une cure de *Vichy* silencieuse », ce qui s'observe avec des doses modérées, sans avoir besoin d'aller jusqu'aux doses ridiculement petites.

Il convient aussi de faire justice de la fameuse cachexie alcaline qui effrayait tant J. Simon. Seule l'ingestion de doses immodérées d'Eau pourrait amener de l'anémie et de la destruction des globules rouges. Bien au contraire, sagement conduite, la cure de *Vichy* est reconstituante, et l'on voit s'élever le nombre des hématies, surtout avec la source *Mesdames*.

Applications thérapeutiques

Tout d'abord, à quel âge peut-on envoyer un enfant à *Vichy* ?

Nous ne sommes pas de ceux qui redoutent, pour les jeunes enfants, l'action déprimante de l'Eau de *Vichy*. Nous l'avons déjà dit, c'est affaire de dosage et de prudente administration. Aussi nous pensons que dès l'âge de 2 à 3 ans on peut conduire à *Vichy* les enfants qui sont justiciables, par leur hérédité par exemple, de cette thérapeutique.

Voici par exemple un enfant de trois ans dont le père est goutteux, la mère migraineuse, qui possède en un mot une hérédité arthritique chargée. Déjà nous sommes frappés par la teinte jaunâtre de ses téguments. On ne peut trouver chez lui d'antécédent pathologique personnel bien net ; il a été nourri avec toutes les précautions hygiéniques voulues ; et cependant il a présenté plusieurs fois de l'urticaire, du strophulus; son foie déborde un peu trop les fausses côtes; il a toujours la langue-saburrale et son teint nous dénonce une cholémie très-nette, traduction évidente de l'insuffisance fonctionnelle relative de son foie.

Voilà un candidat à toutes les manifestations ultérieures de l'arthritisme, et cet état d'infériorité hépatique le prédispose à des crises d'ictère qui éclateront pour de minimes infections ou intoxications digestives.

Envoyons cet enfant à *Vichy*, sans attendre d'autres manifestations morbides, *à titre préventif* pour ainsi dire, et grâce à la Source Chomel ou Hôpital, prudemment maniée, nous réussirons à le faire évader de son hérédité. La cure de *Vichy* aura tonifié son foie, aura modifié toutes les fonctions de cet organe en les améliorant, et nous aurons ainsi prévenu, par exemple, la lithiase biliaire pour l'avenir.

Affections du foie et des voies biliaires. — Au reste la lithiase biliaire est loin d'être exceptionnelle chez l'enfant, comme le prétendent beaucoup d'auteurs. J. Simon, Parrot ont cité des faits de colique hépatique typiques, avec tous les symptômes classiques et calculs retrouvés dans les selles. Deléage (*Presse Thermale*, 1907) relate observation de deux cas de lithiase biliaire chez des enfants guéris par la cure à *Vichy*.

L'un de nous (Dr Ausset) en a observé deux cas chez un enfant de 7 ans, traité depuis longtemps

pour dyspepsie et appendicite chronique et opéré
de cette fausse appendicite, et chez une fillette de
de 11 ans. WENDEL a observé un cas de cholé-
cystite calculeuse, terminé par perforation.

LE GENDRE pense de son côté que la lithiase
biliaire est plus fréquente qu'on ne le croit chez
l'enfant. Nous partageons entièrement son opinion,
et ce qui trompe le plus souvent, c'est la symptoma-
tologie vague qui se cache souvent sous les traits
d'une gastralgie ou d'une appendicite chronique.

La cure de *Vichy* est, ici, particulièrement indiquée; avec elle on obtient le plus souvent la guérison, ou tont au moins le silence symptomatique complet. Nous désapprouvons entièrement
les tendances chirurgicales actuelles qui voudraient
soumettre à l'action du bistouri la plupart des
lithiasiques. *Vichy* peut guérir les calculeux, à
moins que les calculs ne soient trop gros, auquel cas
c'est alors la chirurgie qui doit entrer en ligne.

Chez tous nos petits dyspeptiques chroniques,
dans les cas qualifiés d'appendicites chroniques,
cherchons toujours avec soin la sensibilité de la
région vésiculaire, et quand nous aurons fait notre
diagnostic qui se confirmera par la constatation
d'urines hautes en couleur, d'un foie augmenté de
volume et sensible, de douleurs gastriques tardives,
avec souvent des vomissements, envoyons ces
enfants à *Vichy*.

Nous attendrons, bien entendu, une période
de calme, quelques semaines après l'apparition de
toute crise.

Chez les enfants, il vaut mieux commencer le traitement thermal par Chomel, pendant dix à douze jours, puis on donnera la Grande-Grille en évitant les fortes doses; chez les enfants très sensibles on devra même souvent éviter cette dernière source et s'adresser à l'Hôpital.

A la cure de boisson, on adjoindra un traitement par les bains quotidiens, à demi minéralisés, à 35-37 degrés, d'une durée variable suivant les réactions de l'enfant. Chez les sujets trop fatigués on remplacera ces bains par les douches chaudes ou écossaises et des bains de pied à eau courante.

Enfin, on devra toujours prévenir les familles de la possibilité d'apparition de la *crise post-thermale*, ordinairement assez bénigne, qui, d'ailleurs, amène souvent l'expulsion de calculs.

En dehors de la lithiase biliaire, *Vichy* est aussi excellent pour les enfants ayant présenté une ou plusieurs crises d'*ictère catarrhal*.

Une fois tous les phénomènes aigus disparus, la cure de *Vichy* produit une action très efficace pour le rétablissement de la fonction normale du foie et évite toute récidive.

On connaît les formes légères de l'*insuffisance hépatique*. Elles sont caractérisées par l'intermittence dans l'élimination du bleu de méthylène, la diminution de la quantité d'urée, l'augmentation de la toxicité urinaire. Les travaux de NOBÉCOURT, MERKLEN, TERRIEN ont montré, dans cet ordre d'idées, l'importance de la recherche de la glycosurie alimentaire. Toute glycosurie qui apparaît, chez l'enfant, avec des doses inférieures à 4 grammes par kilogramme est pathologique.

Chez ces petits insuffisants du foie, la cure de *Vichy* est particulièrement indiquée; elle opère le relèvement fonctionnel de la glande et évite des accidents graves pour l'avenir.

Les *congestions hépatiques et spléniques* d'origine paludéenne, cèdent rapidement à l'administration des eaux alcalines chaudes et de celles des sources ferrugineuses de Mesdames et de Lardy. L'arséniate de soude contenu dans ces sources nous paraît jouer un rôle utile dans la guérison de ces manifestations du paludisme.

Affections de l'estomac et dyspepsies. — Il est incontestable que *Vichy* est indiqué chez certains gastropathes; mais il importe d'établir ici un correctif, et malgré la renommée universelle de cette station pour les affections dyspeptiques, nous pensons qu'on est loin d'obtenir chez tous, les mêmes beaux résultats que nous signalions tout à l'heure chez les hépatopathes et surtout les lithiasiques.

Nous avons toujours considéré *Vichy* comme la station spécifique des troubles de la fonction hépatique; aussi nous pensons que les gastropathies qui y seront guéries sont surtout celles qui se développent sur un terrain hépatique défectueux.

Ainsi, par exemple, nous conseillerons *Vichy* aux enfants qui présentent des vomissements acétonémiques. Ces sujets sont des arthritiques au premier chef; on retrouve toujours chez eux des antécédents d'hépatisme, et il est habituel, lorsqu'on ne les soigne pas d'une façon appropriée, de les voir plus tard verser dans la migraine, et, à l'âge adulte, dans la goutte, le diabète, ou la lithiase biliaire.

Certes les troubles gastriques observés chez les enfants gloutons, gros mangeurs seront améliorés par la cure de *Vichy*, mais l'indication thérapeutique sera encore bien plus impérieuse lorsque ces troubles se manifesteront chez des enfants entachés de la diathèse arthritique, avec tendance à l'obésité, fils de goutteux, de graveleux. *Vichy* agira alors surtout contre leur dyspepsie en modifiant le terrain.

La *dilatation d'estomac* est aussi une affection que nous devrons envoyer à *Vichy*. On connaît le tableau clinique présenté par les petits malades qui en sont atteints : Ce sont des enfants à appétit capricieux; ils touchent à peine aux mets qu'on leur présente, et sont en revanche très gourmands de desserts et de friandises. Ils ont toujours soif et entre les repas réclament souvent de l'eau. Ils ont des éructations fréquentes, odorantes, avec de la constipation, et de temps à autre des débâcles diarrhéiques. Le matin, la bouche est sèche, pâteuse, l'odeur de l'haleine est aigrelette, la langue toujours très chargée.

A l'examen de l'abdomen, on constate très aisément le clapotage gastrique que l'on perçoit aux heures où l'estomac devrait être vide. Le foie est habituellement gros, et il y a une légère teinte subictérique des téguments.

Ces petits malades sont des hypopeptiques. A *Vichy*, ils accusent une amélioration très rapide. La dilatation s'atténue et le taux de l'acide chlorhydrique se relève; l'appétit se régularise, les digestions sont facilitées.

Chez ces enfants qui présentent le plus souvent en même temps des troubles nerveux, il sera utile de compléter la cure de boissons par des douches, et même de prescrire des lavages d'estomac si l'examen du malade a démontré qu'il existe une stase alimentaire trop accentuée.

Mais ceci dit, nous nous hâtons d'ajouter que ces dilatations avec hypopepsie s'observent surtout chez les enfants déjà grands, au-dessus de 6 à 7 ans. Chez les plus petits, l'hyperchlorhydrie est plus fréquente, et on la constate assez souvent chez des jeunes sujets qui sont des dilatés de la première enfance.

Chez ces hypersthéniques, DELÉAGE, dans une étude très intéressante présentée au Congrès de Madrid (1903), a bien montré que la Source Chomel a une action sédative sur la sécrétion gastrique. Combinée à l'hydrothérapie tiède, cette Eau diminue l'excitabilité sécrétoire, régularise les fonctions stomacales et remédie aux retentissements des troubles digestifs du côté de la peau, des muqueuses et du système nerveux.

Toutefois il faut bien savoir que l'amélioration

chez les hyperpeptiques est bien moins rapide que celle observée chez les hypopeptiques, et l'on devra toujours mettre en garde les parents contre les douleurs possibles du début de la cure, même chez des enfants qui jusqu'alors n'avaient pas souffert.

La thérapeutique des hyperpeptiques à *Vichy* demande une grande douceur de maniement; on ne doit y envoyer les malades qu'en dehors des périodes d'exacerbation, et les doses devront être très progressives. En même temps qu'un régime très sévère sera institué, on s'adressera aux douches tièdes et aux grands bains.

La cure de *Vichy* est surtout applicable dans cet ordre d'idées chez les jeunes chlorotiques et les adolescents nerveux.

Affections de l'intestin. — Le traitement par les eaux de *Vichy* est moins indiqué pour les affections intestinales que pour les maladies de l'estomac; mais il est incontestable que certains troubles intestinaux sont nettement améliorés dans cette station.

Ainsi la *lientérie* des gros mangeurs, qui se caractérise par un besoin impérieux d'aller à la selle aussitôt le repas, quelquefois même pendant le repas, est justiciable de l'Eau de *Vichy*.

Certains cas d'*entérite muco-membraneuse* liée à l'insuffisance hépatique doivent être envoyés à *Vichy*. Diriger un traitement, chez ces malades, exclusivement contre la maladie intestinale, serait courir à un échec certain. Or, ici, la cause réside dans les troubles fonctionnels du foie et la scène se complique souvent d'hypersthénie gastrique. Il s'ensuit que la thérapeutique doit viser, à la fois, l'estomac, l'intestin et le foie. Cette triple indication, *Vichy*, seule, peut la remplir, cure de boisson, avec douches tièdes, dans le but de modifier l'hyperacidité gastrique et de réveiller l'activité hépatique, en même temps que par des bains intestinaux à l'eau minérale, pure ou étendue, on alcalinisera le contenu intestinal et on fera un véritable pansement sur la muqueuse. Nous empruntons à DELÉAGE la description de ce bain intestinal si efficace dans cette variété d'entéro-colite : « On commence par donner un lavement évacuateur ; puis l'enfant étant couché, légèrement incliné sur le côté droit, on introduit de 0,15 à 0,20 centimètres de profondeur une sonde en caoutchouc rouge, dite de NÉLATON, d'un calibre proportionné à l'âge de l'enfant (nos 23 à 25), adaptée à l'extrémité d'un tube en caoutchouc fixé par son autre extrémité à un bock-réservoir ou à un entonnoir. Par le bock ou l'entonnoir on fait pénétrer, presque sans pression, (0.10 à 0,30 cm.) et très lentement, 50 à 150 grammes d'eau minérale à une température variant de 35 à 42° suivant les cas. On retire la sonde et le malade gardant le siège élevé par un coussin, se couche alternativement sur le côté droit, sur le dos, puis sur le côté gauche, et n'expulse le liquide qu'au bout de 10 à 15 minutes. Ce bain intestinal tiède a pour effet d'alcaliniser le contenu de l'intestin, d'en calmer l'excitation, de détacher et de dissoudre les

sécrétions muqueuses et pseudo-membraneuses;
en outre une certaine quantité du liquide est certainement résorbée ».

Maladies par ralentissement de la nutrition
(diabète, obésité, gravelle, etc). — Tous les malades
appartenant à cette catégorie sont habituellement
des gros mangeurs et des dyspeptiques. Il est donc
tout naturel que d'ores et déjà ils retirent de ce fait
un bénéfice de la cure à *Vichy*.

La *lithiase urinaire* et la *lithiase intestinale* nous
paraissent justiciables du traitement à la grande
station bourbonnaise; et la combinaison de Chomel
avec Lucas, le Parc, ou Célestins donnera d'excellents résultats.

Dans le *diabète* infantile, les indications de la
cure de *Vichy* sont beaucoup moins précises et
moins fréquentes que chez l'adulte. A cet âge, le
diabète revêt le plus habituellement un tel caractère
de gravité que les ressources thérapeutiques sont
bien restreintes, et nous pensons que la cure à *La
Bourboule*, plus tonique, plus reconstituante, est
plus souvent indiquée que la cure de *Vichy*.

Toutefois nous avons observé des formes lentes
contre lesquelles les cures d'eaux alcalines, jointes
à une hygiène sévère, peuvent se montrer très
efficaces. Il n'est pas douteux qu'on voit des enfants dont le diabète est aggravé par des troubles
gastriques, dont la disparition aura un effet très
salutaire sur l'évolution de la maladie principale.

Dans ces cas, la cure de *Vichy* est donc tout à fait

indiquée; elle servira à faire disparaître la dyspepsie, modifiera le fonctionnement du foie, et réalisera un traitement préventif de l'acétonémie dont les troubles gastriques sont souvent précurseurs.

« Enfin, il est des cas peu fréquents, il est vrai, de *diabèe gras* dit arthritique, chez les sujets de la seconde enfance. Chez les malades de cet ordre, la cure de *Vichy* a la même action que dans le diabète gras de l'adulte, ainsi que nous l'avons vu chez deux sujets, fils de diabétiques, âgés l'un de dix, l'autre de treize ans; leur diabète était de date récente. Chez le dernier de ces garçons, hépatique héréditaire et paludéen, la glycosurie a rapidement disparu au cours d'une première cure à *Vichy*; puis elle a reparu par intervalles à la suite d'écarts de régime, pour disparaître, définitivement, pendant un second séjour à *Vichy*.

Il y a indication à la cure de *Vichy* dans les cas de diabète infantile lorsque la maladie, au cours de la seconde enfance, est de date récente, a une évolution lente, n'est pas accompagnée d'un amaigrissement trop marqué et lorsque la glycosurie est modérée. L'indication se précise encore plus si le diabète coexiste ou paraît en rapport avec des troubles fonctionnels du foie ou des voies digestives et s'il reconnaît une origine infectieuse. Cette origine infectieuse de certains diabètes est loin d'être rare, ainsi que nous l'avons montré. (F. Deléage). » (Sur le diabète infectieux, *Congrès international de Lisbonne*, 1906).

Si le petit diabétique a une tendance à maigrir, s'il a de l'hypoazoturie, il sera utile de le soumettre à une cure de 12 à 15 jours, à *Vichy*, suivie d'une cure de même durée à *La Bourboule*.

La cure de *Vichy* dans les cas de diabète a des indications multiples fournies : 1° par des troubles dans les fonctions du foie et du pancréas (les lésions du foie retentissant sur les fonctions du pancréas); 2° par les troubles digestifs qui modifient, aggravent le diabète et prédisposent à l'acétonémie surtout chez les enfants; 3° par les modifications dans les assimilations et désassimilations cellulaires.

Il y a indication urgente dans ces cas au traitement de *Vichy*, sans attendre que les petits malades en soient arrivés à la forme consomptive et aux autres accidents du diabète infantile, car les cellules de l'enfant n'ont pas l'activité et la résistance nécessaires pour supporter et réparer les troubles nutritifs inhérents au diabète et à l'auto-intoxication diabétique.

Nous insisterons sur la grande utilité d'une cure préventive à *Vichy* pour les enfants de diabétiques. Une forte proportion d'entre eux est destinée à devenir, tôt ou tard, diabétiques; quelques-uns ont déjà de la glycosurie alimentaire.

Il convient également d'envoyer à *Vichy* certains enfants *obèses*, fils d'arthritiques avérés, qui présentent des troubles gastro-hépatiques.

Chez ces petits malades on note, non seulement un gros foie, mais encore des signes manifestes d'une gêne dans la circulation-porte. Ce sont des constipés, présentant des hémorrhoïdes, des varices précoces. On associera à la boisson la douche massage et les douches sous-marines abdominales. DELÉAGE relate l'observation d'une jeune fille de huit ans et demi atteinte d'une *maigreur* spéciale qu'il qualifie d'hépatique et qui fut très améliorée par une cure à *Vichy*. Nous pensons, en effet, comme lui que la maigreur chez certains enfants est due exclusivement à un défaut d'assimilation, à des troubles dyspeptiques, à un mauvais fonction-- nement du foie. Il est évident que dans ces cas la cure de *Vichy* sera très efficace.

La *gravelle* est loin d'être rare chez les enfants. Elle n'est en somme qu'une manifestation de l'arthritisme ; aussi *Vichy* procure-t-elle dans ces cas une amélioration très appréciable, et si l'on a le soin d'envoyer les petits malades pendant plusieurs années, on évite le retour des coliques néphrétiques.

Certes les Eaux de *Vittel* et d'*Evian* ont une grande efficacité chez les graveleux, et surtout lorsqu'il n'existe encore que des dépôts sédimen- taires et de tout petits calculs. Elles sont très diuré- tiques et entraînent plus aisément au dehors toutes ces productions anormales. Mais ce qu'elles font moins que *Vichy*, c'est de modifier la nutrition du malade et par conséquent d'empêcher la formation de nouveau sable.

En réalité, ce que nous préfèrerions ce serait de voir les malades aller d'abord faire une cure de

diurèse pour éliminer rapidement le sable et les
calculs déjà formés, puis se rendre à *Vichy* pour
transformer le terrain et éviter ainsi dans l'avenir
la formation de l'acide urique.

ADJUVANCES A LA CURE DE BOISSONS

Si chez l'adulte la cure de *Vichy* est loin de se
limiter à la boisson, il faut bien dire que chez l'enfant cette dernière est la médication primordiale,
souvent la seule, ou, dans tous les cas, qui doit
occuper le premier plan.

Ainsi, par exemple, le bain de *Vichy* est en médecine infantile bien moins appliqué que chez l'adulte,
car il est assez déprimant, et peut amener de l'irritation de la peau, chez les sujets très jeunes dont
la peau est très délicate. On devra le plus souvent
le conseiller étendu avec de l'eau ordinaire.

En revanche l'hydrothérapie, les douches
chaudes ou tièdes rendront les plus grands services.
Or, à l'Établissement thermal de *Vichy*, ce service
est parfaitement organisé et présente le type de
l'installation modèle.

Nous devons signaler aussi qu'il existe également une très belle installation de mécanothérapie
par les appareils de ZANDER. Cette mécanothérapie constitue très-souvent un heureux adjuvant
du traitement thermal. Dirigée avec prudence, elle
permet de joindre à la cure hydrominérale l'action
de la gymnastique mécanique raisonnée et mathématiquement dosée, avec ses mouvements actifs
et ses mouvements passifs, d'activer les échanges

nutritifs, de corriger les déviations vertébrales et les attitudes vicieuses si fréquentes chez les enfants à nutrition retardante. C'est là un point très-intéressant pour les petits arthritiques qu'on envoie à *Vichy*.

CONTRE-INDICATIONS -

En tête des contre-indications à la cure de *Vichy* vient la tuberculose sous toutes ses formes; cette maladie subit souvent une aggravation rapide sous l'influence d'une cure intempestive à *Vichy*. Nous avons vu un vrai éréthisme vasculaire, des hémoptysies graves survenir, la fièvre s'allumer chez des tuberculeux adultes méconnus ou confirmés qui s'étaient, *proprio motu*, mis à boire de l'eau des sources minérales de *Vichy*.

On doit s'abstenir de toute cure thermale chez les petits sujets atteints de maladies fébriles, sauf le paludisme, comme chez ceux atteints d'ulcère de l'estomac, de néphrite confirmée.

Parmi les affections du foie, nous citerons la contre-indication ou du moins l'*absence d'indications* dans les états fébriles, les abcès du foie, les ictères graves dus à des lésions profondes du foie ou à la compression du cholédoque par obstacle externe, tels que des ganglions, les congestions passives du foie, dont le foie cardiaque est le type.

Les maladies du cœur sont-elles une contre-indication à la cure de *Vichy*, ainsi que l'ont prétendu certains? Nous répondrons nettement par la négative. Il n'y a contre-indication que dans les cardiopathies non compensées, avec stases veineuses, œdèmes, irrégularités et intermittences du cœur, hypertension très accentuée et troubles respiratoires. Dans les autres cas, les petits malades, chez qui la cure de *Vichy* a une des indications sur lesquelles nous nous sommes suffisamment étendus, doivent être soumis au traitement hydrominéral très-prudent, très-léger ; ils doivent être suivis de très-près, afin que le médecin puisse prévenir les incidents possibles, mais rares.

CURES A DOMICILE

Nous n'avons pas besoin de dire ici combien de services est susceptible de rendre l'emploi de l'Eau de *Vichy* à domicile. Son usage est suffisamment répandu pour qu'il ne soit pas nécessaire de démontrer son utilité. Mais nous voudrions précisément éviter qu'on s'en serve d'une façon inconsidérée et nous désirerions exposer comment nous en comprenons l'usage rationnel chez l'enfant. Il n'est pas indifférent d'user de telle ou telle source, et surtout de la donner à une température quelconque. Un grand nombre des échecs sont dus à ce que l'Eau est administrée sans aucune règle, et sans que l'on cherche à se rapprocher des conditions où l'on se trouve quand on la donne à la Source même.

Et d'abord nous pouvons dire que l'Eau de *Vichy* trouve son emploi journalier chez le nourrisson dyspeptique. Mais il n'est pas indifférent de donner n'importe quelle source ; et nous déplorons toujours de voir donner par exemple les Célestins chez des petits vomisseurs, ou des enfants ayant des selles bilieuses. En réalité on a trop l'habitude de se contenter de prescrire l'Eau de *Vichy* sans donner d'indications plus précises.

Chez le nourrisson dyspeptique on conseillera Chomel ou mieux l'Hôpital. Mais il ne faut pas donner l'eau immédiatement avant la tétée ou le biberon, ou la mélanger au lait de vache. Il faut la donner une heure avant le repas et à doses progressives. En outre, l'Hôpital devra auparavant être tiédie aux environs de 34°. Comme doses, on commencera par donner une cuillerée à soupe avant chaque repas, que l'on portera, au bout de huit jours, à deux cuillerées.

Chez l'enfant plus âgé dyspeptique par atonie, hypopeptique, on prescrira de 50 à 100 grammes de l'Hôpital tiédie à 34° une demi-heure avant les deux principaux repas. Si cette hypopepsie s'accompagne de fermentations acides anormales, on prescrira 100 grammes de l'Hôpital deux heures après les repas.

Chez les hyperpeptiques, on prescrira la Grande-Grille, chauffée aux environs de 40°, au bain-marie, dans un flacon bouché, 150 grammes deux heures après le repas de midi et du soir.

Chez ces mêmes malades, on pourra en outre prescrire de l'Eau des Célestins comme eau de table, qui doit être bue froide.

Chez les jeunes filles chlorotiques et dans les dyspepsies nerveuses, on donnera une petite quantité de l'Hôpital tiédie, un quart d'heure avant les repas; et comme boisson de table on prescrira de la Source Mesdames.

Nous avons bien souvent vu employer l'Eau des Célestins chez des enfants et des adultes souffrant de dyspepsies. C'est incontestablement une Eau commode à employer, puisqu'elle doit être bue froide. Mais, en réalité, cette Eau est indiquée chez les graveleux, les diabétiques arthritiques, les arthritiques de toutes formes. C'est une eau de lavage, une eau de dépuration. Chez les enfants on pourra la prescrire à jeûn, à la dose de 100 à 150 grammes suivant l'âge et les mêmes doses avant les repas de midi et du soir.

Les cholémiques, les gros mangeurs avec gros foie, les ictériques, les insuffisants hépatiques de toute variété devront prendre de la Grande-Grille. Mais il faudra la réchauffer au bain-marie, aux environs de 40 degrés. On en prescrira de 50 à 100 grammes le matin à jeûn, et une demi-heure avant chaque principal repas.

Dr E. AUSSET.

Dr OYEZ (de Calais).

M. CUISSET (Externe des hôpitaux.

BOURBON-L'ARCHAMBAULT (Allier)

Bourbon-l'Archambault est un charmant chef-lieu de canton situé dans l'arrondissement de Moulins. Le pays est très séduisant, agréable, constitué surtout par d'immenses pâturages

ÉTABLISSEMENT THERMAL.

entourés de petites collines qui laissent un horizon très étendu jusqu'à la chaîne des Monts Dore.

L'orientation y est excellente; le vent d'Ouest y est fréquent, l'air toujours renouvelé; le climat est très tempéré, jamais trop chaud, ce qui est très appréciable pour les malades affaiblis qui y stationnent l'été.

Il existe à *Bourbon-l'Archambault* deux sources : la source thermale ou Grande Source et la Source Jonas. Cette dernière est peu utilisée et ne sert guère qu'en boissons, pour combattre la constipation quelquefois produite par la cure thermale.

La Grande Source a un débit de 1.200 mètres cubes par vingt-quatre heures et une température de 53 degrés. A elle seule, elle alimente les deux établissements thermaux de la station. L'eau est très claire, limpide, mais en se refroidissant elle se recouvre d'une pellicule de carbonate de chaux. Dans les bassins elle présente des reflets verdâtres dûs aux conferves abondantes qui s'y développent. Elle contient 49,8 % d'acide carbonique, et l'on voit les nombreuses bulles de gaz venir crever à sa surface. On y trouve, en outre, de l'oxygène, de l'azote (48,9 %), et des gaz rares 1.03 %. Sa minéralisation totale est de 4 gr. 35 par litre, constituée en grande partie par du chlorure de sodium (2 gr. 24), des bicarbonates divers (1 gr. 33) ainsi que des iodures et des bromures.

La radioactivité de cette eau nous donne pour 10 litres de gaz à l'émergence 0.17 milligramme-minute d'émanation du radium.

Nous citerons en outre les sources de Saint-Pardoux et de La Trollière, peu minéralisées, qui ne servent guère qu'à la boisson.

C'est qu'en effet, à *Bourbon*, c'est surtout le *traitement externe* qui est en honneur. L'eau de la,

Grande Source est refoulée dans de grands bassins de réfrigération.

L'Établissement thermal est un magnifique monument, bien situé, à mi-côte dans le parc. Le vestibule y donne accès à deux galeries latérales où se trouvent, de chaque côté, seize cabines de bain, à parois revêtues de faïence.

Les piscines, au niveau du sol, avec des marches

VUE INTÉRIEURE DE L'ÉTABLISSEMENT.

facilitant la descente, contiennent près d'un mètre cube d'eau ; on peut s'y mouvoir aisément. Chaque cabine est munie d'appareils à douches ; un cadran gradué indique le degré du mélange de l'eau thermale chaude et de l'eau thermale refroidie. Divers embouts permettent de varier la forme de la douche

Il existe des caisses mobiles pour les douches à faible pression, particulièrement les douches vaginales. Aux extrémités des galeries se trouvent les cabinets de douches ascendantes, et la salle des appareils BERTHE pour douches sous-marines.

Deux immenses salles ont leur entrée des deux côtés de l'escalier. Très hautes, largement éclairées, à parois revêtues de faïence, elles renferment deux piscines de natation mesurant 8 mètres de long sur 6 de large. En face de ces piscines, il vient d'être construit quatre cabines semblables à celles des galeries.

Enfin, le premier étage reproduit la disposition du rez-de-chaussée; il comprend en plus les salles de pulvérisation et les étuves à vapeur d'eau thermale.

Les bains sont donnés à 37 ou 38 degrés et suivis d'une douche à 45 degrés. Puis on complète le traitement par des *étuves* générales ou partielles. On utilise surtout les étuves partielles sur divers segments de membres. Ces étuves se composent de cases métalliques, dans lesquelles les membres malades sont placés reposant sur des claires-voies molletonnées. La vapeur d'eau minérale y atteint parfois 48 degrés; les séances durent de 5 à 15 minutes et produisent une rougeur et une sudorification locales intenses.

Il existe à *Bourbon* deux hôpitaux : l'hôpital thermal civil et l'hôpital militaire.

INDICATIONS THÉRAPEUTIQUES

Nous l'avons dit, à *Bourbon* nous avons des Eaux surtout chlorurées sodiques. Ce sont donc des Eaux

tonifiantes, reconstituantes, très-utiles aux lymphatiques, aux anémiés. Et c'est ainsi qu'elles seront
très favorables dans certaines maladies de l'enfance.
Car, il faut bien le dire, la véritable spécialisation
de *Bourbon*, c'est surtout la cure du rhumatisme
et, par ce côté, nous aurons moins l'occasion de
l'employer chez l'enfant que chez l'adulte.

LE CASINO

Toutefois comme le jeune âge est loin d'être
exempt des graves arthrites rhumatismales chroniques; comme d'autre part, c'est surtout à cette
époque de la vie que l'on observe des formes d'infection rhumatismale bâtarde évoluant sur des
terrains lymphatiques, nous pensons que la station
de *Bourbon* doit être étudiée de près par le médecin
d'enfants et qu'il retirera de cette étude clinique

des indications thérapéutiques qu'il aura l'occasion de mettre à profit.

Donc, les *rhumatisants*, ceux atteints d'arthrites chroniques forment la majeure partie des malades qui vont à *Bourbon-l'Archambault*.

Chez l'enfant, le rhumatisme chronique est presque toujours la résultante d'une infection; si on la recherche avec soin, on trouvera, soit des atteintes antérieures de rhumatisme articulaire aigu, soit des arthrites consécutives à une scarlatine, une blennorrhagie ou des toxi-infections digestives.

Ce qu'il faut noter à cet âge, c'est qu'il est habituel de voir la chronicité s'installer plus rapidement que chez l'adulte, s'établissant par poussées successives, atteignant assez rapidement un grand nombre d'articulations. Les exacerbations y sont assez fréquentes, s'accompagnant de douleurs et de gonflements articulaires.

Toutefois le pronostic ne paraît pas aussi sombre que chez l'adulte. Les formes infectieuses, secondaires au rhumatisme articulaire aigu, au rhumatisme scarlatin, sont susceptibles d'une complète guérison.

Ces dernières considérations doivent nous engager à nous servir rapidement du traitement hydrominéral, et à ne pas attendre une transformation fibreuse des tissus enflammés. Si l'on agit à temps, si l'on sait se servir utilement des eaux de *Bourbon-l'Archambault*, par les bains, les douches, et les étuves bien maniées, on voit se résorber les exsudats. Il ne faut jamais désespérer, même dans les cas qui ont paru les plus rebelles à toute autre thérapeutique.

Les Eaux de *Bourbon* nous paraissent particulièrement efficaces également dans cette forme de rhumatisme tuberculeux, si merveilleusement décrite par PONCET et ses élèves. Nous n'oublierons pas en effet qu'en dehors de l'action résolutive due à la thermalité même, nous avons ici des eaux chlorurées sodiques éminemment reconstituantes, et bien faites pour lutter contre ces formes torpides d'infection tuberculeuse.

Bien entendu l'intensité du traitement dépendra de l'âge du malade et de l'origine des manifestations articulaires; mais ici c'est affaire d'expérience et de doigté de la part des médecins de la Station.

Les atrophies musculaires qui accompagnent les arthrites chroniques sont aussi très améliorées par cette cure hydrominérale; lorsqu'elles ne sont pas trop avancées, il n'est pas rare de les voir complètement disparaître et les muscles revenir à leur état primitif.

La forme de rhumatisme chronique qui guérit le mieux à *Bourbon-l'Archambault* est la forme dite *œdémateuse*. On sait qu'elle est caractérisée par l'existence d'une infiltration péri-articulaire, d'œdèmes locaux formant de véritables bourrelets autour des articulations, avec siège de prédilection dans les espaces interdigitaux, les sillons rétro et pré-malléolaires, les régions latérales des genoux, la face dorsale des mains et des pieds.

Chez les malades atteints de cette variété d'arthrite rhumatismale, l'étuve partielle fait rapidement fondre ces œdèmes.

L'hydarthrose chronique, que l'on qualifie trop facilement de rhumatismale, et qui, à notre avis, n'est, le plus souvent, qu'une forme bénigne et monolocalisée de rhumatisme tuberculeux, bénéficie sûrement, mais plus lentement de la cure à *Bourbon*.

A côté de cette action bienfaisante sur les diverses variétés d'arthrites dites rhumatismales, les Eaux de *Bourbon* sont très utiles dans toutes les séquelles osseuses ou articulaires post-traumatiques. On y enverra donc les fractures à cals douloureux ou vicieux, et les malades qui présentent des raideurs articulaires à la suite de traumatismes, entorses, luxations, hydarthroses traumatiques.

Bourbon réclame aussi les petits scrofuleux, ceux qui sont atteints de tuberculose osseuse, ganglionnaire ou cutanée. Certes, les eaux chlorurées sodiques sont souvent très efficaces dans ces manifestations locales de la tuberculose. Mais nous ne devons pas oublier que ce sont là des localisations d'une infection générale. Le temps n'est plus où l'on puisse croire que les tuberculoses dites chirurgicales ne sont que des tuberculoses locales. Chez les enfants ainsi atteints, la septicémie est indéniable, intermittente ou continue suivant les cas, mais la maladie est toujours générale, et, à notre avis, rien ne vaut le grand air, la cure de soleil, la cure marine chez ces petits malades. Sans dénier aux eaux chlorurées sodiques, telles que *Bourbon*, une action efficace, nous pensons donc qu'une cure hydrominérale doit passer après la cure climatique qui reste, encore maintenant, le grand moyen de lutter contre l'invasion bacillaire.

On a publié d'intéressantes observations qui montrent l'action efficace des eaux de *Bourbon* chez les enfants présentant des paralysies diverses : paralysies post-diphtériques, par exemple, ou à la suite de poliomyélite (paralysie infantile). Lorsque l'on a affaire à des enfants lymphatiques, l'effet est très heureux, surtout si l'on n'attend pas trop longtemps et si l'on conduit les enfants à la station à une époque suffisamment rapprochée de l'accident initial. Les bains de piscine, les douches, les massages donnent ici des améliorations notables, à la condition, nous le répétons, que la maladie ne soit pas trop ancienne et que toute irritation spinale, chez le poliomyélitique, soit entièrement éteinte.

Chez tous ces petits malades on voit céder l'atrophie, et les muscles reprendre une grande partie de leur force primitive, en même temps que les contractures antagonistes s'atténuent dans une large mesure.

En résumé, c'est par son action tonique, excitante de la nutrition, éminemment reconstituante de l'organisme que la cure de *Bourbon-l'Archam-bault* produit ses heureux résultats, résultats qui seront tout d'abord et par-dessus tout, ne l'oublions pas, une résolution des produits inflammatoires, des manifestations plastiques des diverses infections, et surtout de la diathèse arthritique.

BOURBON-LANCY (Saône-et-Loire)

Bourbon-Lan y est une petite ville de Saône-et-Loire, située à 240 mètres d'altitude, dans une dépression en forme de cuvette, qui l'abrite des vents. Aussi le climat y est-il particulièrement chaud, et, par suite, très efficace pour les rhumatisants qu'on y traite.

Car, ici aussi, comme à l'*Archambault*, on traite les rhumatisants; mais l'eau y est beaucoup moins minéralisée; aussi l'effet excitant disparaît et nous avons plutôt une cure sédative, calmante. A l'*Archambaull*, nous destinions nos petits lymphatiques anémiés, ayant besoin d'une médication tonique et remontante. Pour *Bourbon-Lancy* nous choisirons nos malades ayant besoin de calme et de sédation.

Les sources de *Bourbon-Lancy* sont au nombre de cinq. Leur température va de 47 à 58 degrés. Les parois des puits sont tapissées de conferves qui rappellent ce que l'on voit à *Néris*. C'est qu'ici également la matière organique, la glairine, est très abondante dans l'eau, qui possède, de ce fait, une onctuosité très particulière.

Les deux sources les plus employées sont : la source de *La Reine*, et surtout celle du *Lymbe*, qui est la plus importante. Ce sont des eaux très peu minéralisées, 1 gr. 75 au total par litre, dont 1 gr. 17 de chlorure de sodium, avec des traces d'arsenic, de fer, de fluor et de lithium.

LA COUR DES BAINS.

En revanche, ces eaux contiennent une très grande quantité de gaz, dont 92 % d'azote, et une forte proportion de gaz rares dont 1,84 d'hélium. On a dit que la source du Lymbe était une véritable mine d'hélium, puisque MOUREU et BIQUARD ont pu calculer que le Lymbe débite annuellement plus de 16.000 litres de gaz rares, dont 10.000

d'hélium. Il s'ensuit, tout autour des buvettes, une véritable ionisation de l'atmosphère qui contribue pour une bonne part aux effets thérapeutiques.

La caractéristique de la cure de *Bourbon-Lancy* est, nous l'avons déjà dit, d'être éminemment lénitive, sédative, calmante, qui n'exclue pas une douce stimulation, et un effet anti-arthritique. Et cet effet sédatif, si remarquable dans toutes les algies, périphériques ou viscérales, est non seulement local, mais aussi général, et s'exerce sur tout le système nerveux.

En outre, les Eaux ont un effet nettement décongestionnant et résolutif; elles n'agissent pas aussi vigoureusement, aussi rapidement peut-être que les eaux de *Bourbon-l'Archambault*, mais elles n'en sont que plus précieuses pour les enfants, chez lesquels on doit toujours agir avec douceur et progression dans-les interventions thérapeutiques quelles qu'elles soient.

La cure de *Bourbon-Lancy* est également très diurétique; c'est une eau de lavage et l'on constate chez les malades une abondante élimination d'acide urique et d'urates. Il s'ensuit une désintoxication de l'organisme des plus utile. Les malades aiment d'ailleurs beaucoup se servir de cette eau comme boisson; son goût très agréable plaît à tous; elle facilite les digestions et les active.

Le traitement externe tient toutefois la plus grande place à *Bourbon-Lancy*, et la cure de boissons se borne à prescrire aux enfants 200 à 300 gr.

d'Eau de la Reine, en trois fois, dans la journée.

La cure externe se fait avec le bain, la douche en pluie tiède, et le bain suivi de douche sous-marine.

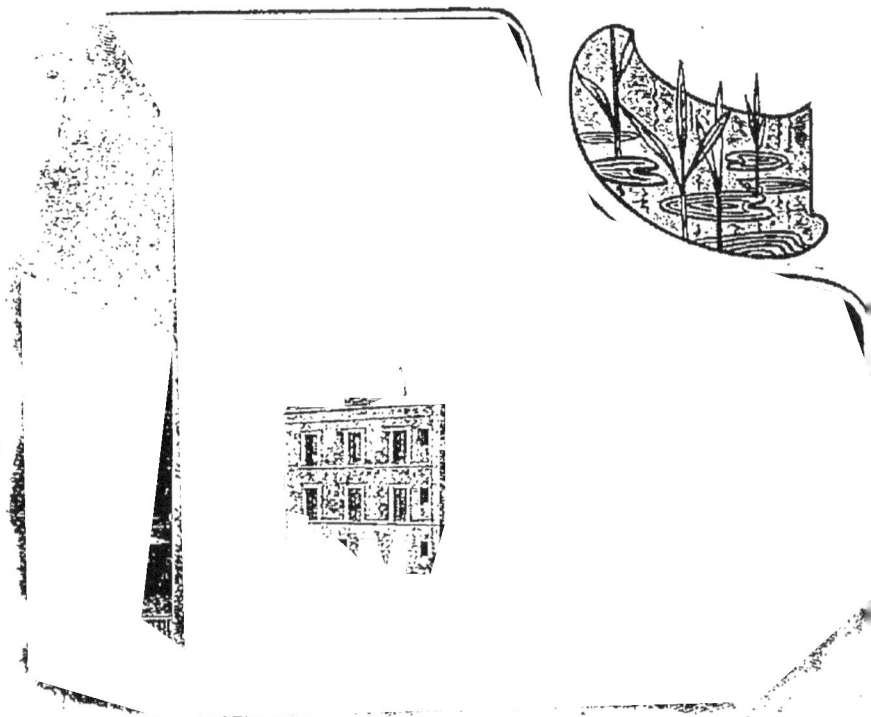

PROMENOIR DE L'ÉTABLISSEMEMT THERMAL.

Le bain se prend dans de vastes baignoires creusées dans le roc, qui sont de véritables petites piscines individuelles. La douche sous-marine, prescrite après le bain, consiste en un jet d'eau promené à travers l'eau de la baignoire sur différentes régions, la région précordiale, hépatique, les articulations, les trajets nerveux douloureux, etc...

Comme l'a dit notre éminent confrère PIATOT, auquel *Bourbon-Lancy* doit beaucoup par les travaux remarquables qu'il a publiés sur cette Station, la douche sous-marine agit sur la circulation périphérique par réaction vaso-motrice ; elle augmente

HUMAGE A LA SOURCE.

la tonicité et l'élasticité des petits vaisseaux ; elle a aussi une action dérivative et déplétive sur la circulation des organes profonds. Elle active les échanges intimes en faisant disparaître les stases viscérales et en augmentant l'énergie des circulations locales. Il en résulte un accroissement de l'activité nutritive des tissus.

On fait aussi à *Bourbon-Lancy* le *humage* pour utiliser les gaz chauds qui se dégagent de l'Eau. Il était très à désirer que ce humage se fît à la source même, afin de conserver la totalité de ces gaz et leur action complète. Dans ce but, «un émanatoire naturel» vient d'être récemment construit au-dessus de la Source du Lymbe. C'est là un perfectionnement très-intéressant.

Nous ajouterons qu'à *Bourbon-Lancy* il y a des salles de massage, de gymnastique suédoise, de mécanothérapie. Enfin, on y pratique la *cure de terrain*. Les allées du parc et les diverses promenades ont été aménagées pour rendre cette pratique efficace et facile à doser.

INDICATIONS THÉRAPEUTIQUES

Les *troubles fonctionnels du cœur* que l'on observe si souvent chez les adolescents lymphatiques nous paraissent justiciables de la cure de *Bourbon-Lancy*.

Nous enverrons donc là-bas les enfants de 13, 14, 15 ans à taille élancée, qui se sont surtout développés en hauteur, mais dont le thorax n'a pas suivi la progression de la taille. Ils ont une poitrine étroite, où le cœur semble comme gêné, et ils accusent des palpitations parfois très douloureuses. Si l'on n'y prend garde, on les croit atteints d'une hypertrophie cardiaque, alors que l'on a affaire ici à ce que l'on a appelé la pseudo-hypertrophie cardiaque de croissance. Ces malades sont très maigres, ils respirent mal, se nourrissent mal; souvent ils ont une insuffisance respiratoire nasale, causée soit par des végétations adénoïdes, soit par des déformations de la cloison.

Envoyons ces enfants à *Bourbon-Lancy* et nous les verrons en revenir transformés.

Les *choréiques* se trouvent bien de la même thérapeutique, quoique nous préférions de beaucoup les envoyer à *Néris*. Mais il est certain que vers

SOURCE LA REINE.

la fin de la maladie, quand par son intensité elle a produit un état de débilité très accentuée, il nous a toujours semblé utile de les envoyer à *Bourbon*. *Néris* est indiqué pour guérir leur incoordination motrice, *Bourbon* vient ensuite, une fois cette incoordination calmée, pour tonifier le système nerveux et empêcher les récidives. C'est un des cas où les cures combinées nous paraissent très utiles.

Comme nous l'avons dit à propos de *Bourbon-*

l'Archambault, *l'infection rhumatismale* est fréquente dans le jeune âge. Or, il n'est pas un âge où les complications cardiaques, endocarditiques ou péricardiques, soient le plus à redouter. On est souvent surpris de noter des localisations cardiaques à propos de douleurs vagues, d'un torticolis en apparence banal et qu'on avait négligé. Plus encore chez l'enfant que chez l'adulte, le rhumatisme aime le cœur.

La cure de *Bourbon-Lancy* est très utile tout d'abord à titre préventif. Tout enfant guéri d'une attaque rhumatismale, même sans complications, devrait y être envoyé pendant plusieurs années. Ces cures raisonnées, consécutives, ont les plus grandes chances d'empêcher les récidives.

A fortiori, devons-nous y adresser tous les petits malades qui ont fait de l'endocardite, et cela sans retard, sans attendre que les exsudats inflammatoires se soient organisés; deux à trois mois après que la crise aiguë est terminée, on peut recourir à la cure thermale.

N'oublions jamais que chez l'enfant l'activité circulatoire au niveau de l'endocarde est très intense, et, par suite, les exsudats sont susceptibles de s'y résorber plus aisément que chez l'adulte. Aussi quand on nous conduira une endocardite, nous devrons toujours espérer sa guérison si elle n'est pas trop ancienne; et cette guérison, seule une cure thermale peut nous la donner.

Mais il y a plus. On nous consulte souvent trop tard, et il est fréquent de découvrir chez des enfants des endocardites anciennes, mal soignées ou ayant passé inaperçues. Ne comptons pas alors les guérir; mais nous pouvons les empêcher de mourir; et si pendant plusieurs années, longtemps, nous avons le soin de les envoyer à *Bourbon-Lancy*, nous leur permettrons de tolérer à merveille leur lésion et ferons reculer très loin dans l'avenir la période de l'insuffisance cardiaque. Ce n'est pas là, à coup sûr, un résultat à dédaigner.

Il est certain que l'endocardite rhumatismale chez les enfants est une des indications les plus précises de la cure à *Bourbon-Lancy*. Ces petits malades que nous envoyons là-bas, pâles, anémiques, s'essoufflant facilement, ayant un pouls instable et irrégulier, nous reviennent avec un état général excellent, le myocarde est tonifié, les battements du cœur sont devenus réguliers, le pouls plus ample, mieux frappé.

En présence de lésions constituées depuis longtemps, en présence même de lésions valvulaires associées, insuffisance et rétrécissement, on doit encore conseiller *Bourbon-Lancy*, s'il n'existe pas de troubles fonctionnels appréciables, parce que cette cure agira sur la circulation périphérique, et permettra une longue tolérance des lésions.

Mais si les endocardites rhumatismales se trouvent très bien de cette thérapeutique, nous estimons qu'on aurait tort d'en éloigner les endocardites d'autre origine. Si, à la suite d'une infection quelconque, un enfant présente une localisation sur son endocarde, nous répéterons ce que nous

,venons de dire pour le rhumatisme. Envoyons-le à *Bourbon-Lancy* très tôt; ses exsudats inflammatoires s'y résorberont. Ou, si les lésions sont anciennes, nous soulagerons son cœur, tonifierons le myocarde, réduirons les résistances périphériques et améliorerons la nutrition générale.

Je pourrais relater ici l'observation d'un jeune homme de mes clients, ayant actuellement 18 ans, et qui va depuis plusieurs années à *Bourbon-Lancy* pour une insuffisance aortique consécutive à une grippe. Il supporte à merveille sa lésion, pourtant si grave à cet âge, et je suis persuadé qu'il doit la vie aux cures thermales annuelles que je lui fais faire. Mon confrère PIATOT pourrait en témoigner comme moi.

CONTRE-INDICATIONS

Si nous avions affaire à des malades par trop anémiés ou affaiblis, à des lymphatiques, à des prétuberculeux, des eaux chlorurées sodiques fortes seraient plutôt indiquées, telles que *Bourbon-l'Archambault*.

On devra s'abstenir de toute cure thermale chez ceux dont le péricarde est pris en même temps que l'endocarde. Les lésions sont ici d'une gravité extrême, conduisent rapidement à l'asystolie, que pourrait activer le traitement hydrominéral.

La pancardite rhumatismale est une contre-indication absolue.

SAINT-HONORÉ (Nièvre)

Saint-Honoré est un petit village de la Nièvre, situé à six heures de Paris, à une altitude de 300 mètres.

Nous n'avons donc pas encore, ici, les caractères du climat d'altitude, mais toutefois le climat y est tonique, à cause de cette élévation modérée, et de cette situation sur les derniers contreforts du Morvan; l'air y est pur et très ozonisé par le voisinage de forêts. La température y est douce, régulière, sans transitions brusques, car la Station est protégée contre les vents du Nord par une ceinture boisée très pittoresque. Ce sont donc là d'excellentes conditions climatériques pour la thérapeutique infantile, et, de fait, *Saint-Honoré* est, par excellence et avant tout, une Station d'enfants.

Saint-Honoré possède des eaux sulfureuses.

Or, qui dit eaux sulfureuses appelle immédiatement l'idée d'une Station pyrénéenne. *Saint-Honoré* est en effet la seule Station du centre de la France possédant des eaux sulfureuses. Mais ce qui la caractérise par-dessus tout, ce qui la rend si intéressante pour les enfants, et si utile, c'est l'association qu'elle présente du soufre et de l'arsenic; association unique et que nous ne rencontrons nulle part ailleurs.

Cette association présente une importance considérable, et il ne faudrait pas chercher à retrouver en pharmacie une alliance analogue, susceptible de nous donner des effets thérapeutiques similaires; rien d'approchant ne peut être constitué par le chimiste, pas plus qu'il n'est possible de faire artificiellement de l'eau de mer possédant toutes les qualités vivantes de l'eau naturelle.

En somme, les eaux de *Saint-Honoré* n'ont pas leur équivalent en France; elles se rapprochent de *La Bourboule* par leur arsenic, et par conséquent en possèdent les propriétés toniques et reconstituantes; et elles viennent, par leur soufre, immédiatement après les *Eaux-Bonnes* et *Luchon*. Mais qu'on n'aille pas croire qu'on obtiendra avec les eaux de *Saint-Honoré* la totalisation des effets de *La Bourboule* et de *Luchon*, et qu'ici le résultat thérapeutique puisse se prévoir par la formule : arsenic + soufre. Il n'en est rien; l'association a créé ici, pour ainsi dire, une nouvelle force et la cure de *Saint-Honoré* possède en effet une action toute spéciale qui lui est vraiment très particulière.

On trouve là quatre sources, d'une température de 26° à 31°, ayant une composition chimique similaire. La principale est la source de *La Crevasse*. La minéralisation en est assez faible (0.40 à 0.50 par litre, suivant les sources) et est constituée par des sulfures alcalins, du gaz acide sulfhydrique libre, de l'arséniate de soude; l'eau est en outre légèrement chlorurée, iodique et phosphatée. Notons qu'elle contient 0.10 centigrammes d'hydrogène sulfuré par litre et 4 milligrammes d'arséniate de soude. Un verre d'eau de La Crevasse correspond donc à quatre gouttes de Liqueur de FOWLER.

Enfin il nous faut signaler la présence de *glairine* en assez grande quantité, d'oxygène, d'azote, d'argon et d'hélium. La radio-activité est assez faible.

La boisson est le mode de traitement le plus important. On y administre, aux enfants, 50, 100, 150 grammes d'eau par jour, et même plus, suivant l'âge, et suivant les résultats observés par les premiers jours de cure.

Ce qui frappe tout d'abord, c'est que, à part les cas où un abus des doses amènerait une excitation passagère, l'action est douce, contrastant avec celle que l'on observe au début des cures pyrénéennes. C'est là un point très important à noter pour la thérapeutique infantile.

Quoi qu'il en soit, la sédation est la note dominante de l'effet des Eaux de *Saint-Honoré*. En même temps que l'appétit augmente, on voit très nettement s'améliorer les phénomènes respiratoires pour aboutir à la décongestion des parties malades.

Le traitement externe a aussi son importance à *Saint-Honoré*. On y prend des bains, des douches; on y fait des gargarismes, des pulvérisations, des inhalations.

Les pulvérisations sont administrées avec les appareils habituels : tamis, palette, etc...).

Les inhalations sont faites dans des salles spéciales avec de l'eau minérale non chauffée, grâce à un dispositif très ingénieux. Le brouillard médicamenteux, où le malade séjourne pendant cinq à

SALLE DE PULVÉRISATIONS

quinze minutes, est formé par la rencontre de jets convergents d'eau normale, dans des puits de deux mètres de profondeur situés dans la salle même.

On prescrit au malade une inhalation très courte, si l'on recherche simplement la sédation de phénomènes congestifs. Au contraire, on prolonge la séance si l'on recherche la production d'une congestion substitutive. Toutefois on doit être très prudent dans la provocation de ces congestions substitutives, qui peuvent parfois, mal surveillées, devenir dangereuses.

L'inhalation sert aussi tout particulièrement à modifier l'élément catarrhal, en agissant comme topique local.

Au sortir de la salle d'inhalations, on donne à chaque malade une douche de pieds. Le malade est assis d'un côté d'une cloison percée d'ouvertures à travers lesquelles passent les pieds et les jambes ; de l'autre côté, un doucheur envoie un jet violent d'eau à 48 degrés, qui amène une révulsion intense et par suite une décongestion.

Il nous faut signaler l'immense piscine à eau courante, véritable rivière sulfureuse où les enfants prennent des bains délicieux à 31 degrés. Ces bains où les petits malades prennent leurs ébats donnent les meilleurs résultats chez les lymphatiques.

En résumé, l'action des Eaux de *Saint-Honoré* est d'être toni-sédative, avec la note dominante pour la sédation. Cette action se produit sur tout l'organisme, mais d'une façon élective sur les voies respiratoires, où les eaux produisent un véritable décapage, un nettoiement complet, une décongestion parfaite.

INDICATIONS THÉRAPEUTIQUES

Nous l'avons déjà dit, l'action tonique particulièrement douce des Eaux de *Saint-Honoré* fait que nous trouvons ici une Station d'enfants, une Station de débilités soit par tempérament, par hérédité, soit à la suite de maladies antérieures ayant laissé tout l'organisme en souffrance. Mais ne l'oublions jamais, *Saint-Honoré* sera surtout efficace chez les débiles, chez les lymphatiques, chez les scrofuleux quand ils présenteront une manifes-

PISCINE.

tation respiratoire de leur diathèse ou de leur hérédité.

Voici par exemple un enfant de 5 à 6 ans qui depuis plusieurs années souffre du nez et de la gorge. Il avait de grosses amygdales, il avait des végétations adénoïdes; on a tout enlevé, on a tout curetté, et malgré cela il continue à s'enrhumer tous les hivers, plusieurs fois par hiver; le nez est toujours pris, l'enfant est toujours enchifrené; il ronfle la nuit, et si on examine sa gorge, on constate que le cavum sécrète toujours abondamment du muco-pus.

Le teint est pâle; l'enfant est très maigre, porteur de polyadénopathies, il mange peu, et a toujours la langue chargée.

Envoyons cet enfant à *Saint-Honoré*. Le traitement hydrominéral s'attaquera non seulement à l'état général en le fortifiant, mais encore diminuera rapidement le catarrhe naso-pharyngien et le tarira.

Il est vraiment regrettable que les médecins croient qu'ils ont tout fait en rasant des amygdales ou en enlevant des végétations. Nous ne contestons pas l'utilité de ces interventions, mais elles sont la plupart du temps insuffisantes, et la cure hydrominéralé est indispensable chez presque tous ces petits malades, sous peine de voir leur muqueuse naso-pharyngée rester infectée, *malgré toutes les thérapeutiques qu'on pourrait appliquer.*

Et c'est avec le traitement hydrominéral qu'on guérira des *otites tenaces* ou autres complications de cette infection chronique du naso-pharynx, sans parler des entérites et des dyspepsies qui sont sous la dépendance des produits purulents constamment déglutis.

Nous enverrons aussi à *Saint-Honoré* les enfants porteurs d'*adénopathies trachéo-bronchiques,* tuberculeuses ou non. Chez ces lymphatiques qui font ainsi des localisations latentes de la tuberculose,

la cure sulfo-arsénicale sera particulièrement efficace, car non seulement elle fortifiera le terrain
ensemencé par le bacille, mais encore elle agira
localement sur les hypertrophies ganglionnaires.

Saint-Honoré rendra encore des services appréciables chez les *chlorotiques*, chez les jeunes ado-
lescentes dont l'*anémie* est si souvent l'indice
d'une invasion bacillaire.

Il est toute une catégorie de malades chez lesquels
la cure sulfo-arsénicale est particulièrement indiquée. Nous voulons parler des *séquelles bronchiques
et pulmonaires* que l'on peut rencontrer à la suite
de la rougeole, de la grippe, de la coqueluche.

Voici un enfant qui à l'occasion d'une rougeole
a fait une broncho-pneumonie. Cette affection s'est
à peu près guérie, après une thérapeutique longue
et pénible ; mais il reste de l'adénopathie trachéo-
bronchique. Ou, plus encore, la toux quinteuse d'une
coqueluche prolongée, compliquée ou non, a produit de la dilatation des bronches, et l'enfant présente constamment des poussées d'infection de
sa dilatation, avec des propagations au tissu pulmonaire qui ne sont pas sans causer les plus graves
appréhensions pour l'avenir.

Ces petits malades devront aller faire une ou
plusieurs cures à *Saint-Honoré*. Non seulement
les eaux les tonifieront et remonteront leur organisme défaillant, mais encore l'action sédative et
décongestive de l'Eau amènera une résolution de
tous les phénomènes inflammatoires, un décapage
de la muqueuse malade ; l'action détersive se mani-

festera alors par un retour progressif de la perméabilité broncho-pulmonaire, en même temps que les sécrétions modifiées au début, se tariront et disparaîtront progressivement.

Il se fait une véritable tonification de tout l'arbre respiratoire, comme s'était effectuée l'action tonique sur tout l'organisme.

Certes, il y a ici une question de degrés et d'espèces. Il ne faut pas compter guérir en une saison des bronchites chroniques invétérées, d'anciennes dilatations, de grosses adénopathies. Mais dès la première année l'amélioration sera très notable et progressivement au bout de plusieurs saisons de cure on verra disparaître tous les phénomènes morbides et nous avons pu ainsi observer la guérison absolue et définitive de dilatations qui faisaient le désespoir des familles et avaient épuisé toutes les ressources de la thérapeutique pharmaceutique.

Certaines manifestations cutanées chez les enfants lymphatiques se trouvent également très bien de *Saint-Honoré*, tel l'impetigo. Au reste, on connaît depuis longtemps l'action efficace du soufre et de l'arsenic dans les maladies de la peau. Le soufre agit localement d'abord et de façon substitutive, mais, en outre, les divers procédés de traitement utilisés, inhalations, bains, pulvérisations le font absorber par la peau et la muqueuse respiratoire, d'où ses effets généraux. Quant à l'arsenic, il vient ajouter à celle du soufre son action éminemment tonique et modificatrice de la nutrition.

Mais ici nous ne désirons pas insister. L'expérimentation clinique ne nous paraît pas encore assez précise pour pouvoir dire si les eaux de *Saint-Honoré* dans telles ou telles dermatoses, tuberculides, psoriasis, ou autres, sont plus efficaces que d'autres Eaux arsenicales ou sulfureuses. Pour le moment, et jusqu'à ce que les travaux cliniques nous aient bien montré les variétés de dermatoses susceptibles d'aller à *Saint-Honoré* plutôt qu'ailleurs, nous nous contenterons de dire qu'il faut réserver pour cette station les dermopathes scrofuleux et lymphatiques.

Contre-indications

On ne doit pas envoyer aux Eaux de *Saint-Honoré* les malades qui présenteraient des affections organiques du cœur graves, en période de mauvaise compensation.

Toute affection aiguë du poumon devra en être éloignée; et si l'on peut pour les tuberculeux être plus larges et plus tolérants qu'avec les autres Stations sulfureuses, il faudra toujours se méfier et redouter une action congestive et n'y envoyer que des tuberculeux absolument torpides, sans aucune fièvre et sans tendances congestives.

POUGUES (Nièvre)

Pougues est un chef-lieu de canton du département de la Nièvre situé à 240 kilomètres de Paris; les rapides y conduisent en trois heures. L'altitude n'y est que de 190 mètres; c'est donc un climat de plaine, très reposant, très sédatif, particulièrement

LE PAVILLON DES SOURCES.

efficace chez les nerveux débilités. Mais je me hâte d'ajouter que tout à côté existe le plateau de Belle-vue, élevé de 300 mètres, dont je parlerai plus loin, où les malades peuvent aller faire une excellente cure d'air.

Il y a cinq sources à *Pougues*, mais on utilise surtout les Sources Saint-Léger'et Al.ce,dont la réputation aujourd'hui mondiale, datant de PIDOUX et de Jean BRAU, a suffi pour établir la notoriété si justifié de cette charmante station.

L'Eau de Pougues est froide (12°), limpide, claire, d'un goût très agréable, légèrement piquante à cause de la très-forte proportion d'acide carbonique qu'elle contient (un litre et demi par litre d'eau). Cette eau contient surtout du bicarbonate de chaux (2 gr.) et une certaine quantité de bicarbonates de fer, de magnésie et de soude.

A la sortie du griffon cette eau est très acide à cause de l'acide carbonique abondant qu'elle contient. mais, le gaz échappé, elle devient rapidement alcaline.

A *Pougues*, la cure se fait surtout par la boisson. L'Administration s'est attachée, en conséquence, à capter les eaux d'une manière parfaite, en dehors de tout contact et de toute souillure de l'air. Ce captage mérite qu'on y insiste, ainsi que sur l'embouteillage.

Une amélioration d'importance a été réalisée en 1904-1905 pour le captage, amélioration qui fut effectuée sous le contrôle du service des mines. On a été assez heureux pour pouvoir capter l'eau au griffon même, en plein calcaire.

Du griffon, l'eau minérale s'élève dans des colonnes ascensionnelles fermées, et elle arrive, sans avoir subi aucun contact avec l'air, à la buvette d'une part, a magasin d'embouteillage,

d'autre part. Ce captage, ainsi que les précautions prises pour l'embouteillage en vue de se
garantir contre l'activité transformatrice des
microbes, ont fait très justement l'admiration
des médecins français et étrangers du V. E. M.

L'embouteillage est fait avec la même rigueur.

BUVETTE DE LA SOURCE ALICE.

On met dans la bouteille aseptique, une eau parfaitement aseptique.

Les malades vont à la buvette le matin à jeun,
et avant chaque principal repas. Les doses pres-
crites sont variables suivant les cas. Chez les
grands enfants, on peut arriver à donner un
litre par jour, en trois prises.

Ce qui caractérise l'action thérapeutique de l'Eau

de *Pougues* c'est une stimulation générale de toutes les fonctions; c'est une eau tonique, reconstituante au premier chef. Cette stimulation générale s'accompagne d'une action élective stimulante sur tout l'apareil digestif, et particulièrement sur l'estomac. Les malades présentent donc au bout de quelques jours une copieuse diurèse, avec, souvent, une élimination de sables urinaires. L'état général se remonte, les forces reviennent, les enfants ont plus d'entrain, retrouvent leur gaieté et leur appétit. C'est là une action très remarquable et qui doit nous faire préférer *Pougues* à toute autre station chez certains gastropathes très déprimés.

Du côté du tube digestif, on note que, sous l'influence de l'Eau prise à jeun, par doses variables de 100 à 150 grammes et plus, tous les éléments du suc gastrique sont augmentés, à l'exception du chlore. Les contractions musculaires de l'estomac sont améliorées et les aliments séjournent moins longtemps dans cet organe, ce qui diminue les fermentations anormales. Cette action est très accentuée chez les hypopeptiques.

Il s'ensuit que tout d'abord *Pougues* devra s'adresser aux asthéniques, aux gastropathes fatigués, manquant de ressort et d'énergie, aux débiles de toutes sortes.

Chez les hyperpeptiques, l'eau donnée telle qu'elle sort du griffon pourrait exagérer les douleurs et provoquer des crises. Mais si on a le soin de la tiédir, et de laisser échapper une grande partie de son acide carbonique, on peut obtenir une amélioration notable de ces malades, une diminution de l'hyperchlorhydrie.

A côté de cette cure de boissons, il y a à *Pougues* des adjuvants précieux : hydrothérapie parfaitement installée, bains et douches, bains de siège, lavages intestinaux aseptiques à l'eau minérale chauffée, et surtout dans la cure de terrain que l'on dose aux malades en les conduisant de *Pougues* au plateau de Bellevue.

Cette cure de terrain, parfaitement organisée, mérite que nous nous y arrêtions un instant. Elle est en effet très utile, chez les arthritiques par exemple, chez les adolescents dyspeptiques avec tendance à l'obésité, qui se fatiguent pour un rien et ne veulent plus marcher.

Quatre itinéraires, de longueur et de pente variables, mènent au plateau, soit par des routes bien ombragées, soit par des sentiers en lacets, tous bien exposés à l'Ouest et protégés des vents froids du Nord. Des poteaux et des plaques indicatrices jalonnent le chemin et permettent au médecin de doser les distances à parcourir chaque jour et au malade de s'entraîner doucement et progressivement. Arrivé sur le plateau, le malade peut s'y reposer tout l'après-midi, en jouissant de la vue d'un superbe panorama sur toute la vallée de la Loire, et d'une cure d'air de grande valeur chez tous ces débilités et ces anémiés par auto-intoxication.

INDICATIONS THÉRAPEUTIQUES

C'est d'abord aux fatigués de l'estomac que s'adresse la cure de *Pougues*. Ces enfants, gros mangeurs, devenus obèses par mauvaise assimilation ou, au contraire, très amaigris par une intoxication lente et chronique provenant de leur tube digestif, ces petits malades dont l'atonie gastrique est surtout caractérisée par une asthénie de la musculature de cet organe, sont justiciables de cette station.

Le plus habituellement il s'agit d'enfants qui ont surmené leurs voies digestives, l'atonie et la dyspepsie ont été la conséquence de ce surmenage. Cet état gastrique exerce, on le sait, une influence néfaste sur la nutrition générale, la croissance est entravée, tout l'organisme est en souffrance et on obtient, en régularisant les digestions, des résultats merveilleux sur la santé et sur le fonctionnement de tous les organes.

Comme chez l'adulte, on observe chez l'enfant déjà grand une dyspepsie par atonie gastrique, une dyspepsie par hypersécrétion ou par hyposécrétion (hyperpepsie, hypopepsie), et une dyspepsie nerveuse (dyspepsie nervo-motrice des auteurs).

Toutes ces formes de dyspepsie trouvent à *Pougues* un soulagement immédiat et une guérison certaine au bout d'une ou plusieurs saisons.

Et pour citer ici un exemple entre beaucoup, je me souviens d'une fillette de 9 ans, très nerveuse pâle anémiée, très affaiblie, sujette à des

douleurs gastriques depuis plusieurs mois et qu'on
me conduisit pour une appendicite chronique (?).
Je l'examinai avec le plus grand soin ; il s'agissait,
d'une nerveuse dyspeptique, vomissant souvent,
n'ayant aucun appétit, présentant des alternatives
de diarrhée et de constipation. Comme je fus immédiatement convaincu qu'il s'agissait d'une simple
dyspepsie nervo-motrice, je prescrivis de l'hydrothérapie, un régime approprié, et une cure à
domicile d'Eau de *Pougues*. Quand arriva l'été, l'enfant était déjà notablement améliorée. Je l'envoyai
à *Pougues* ; elle en revint tout à fait guérie et depuis
se porte à merveille avec un état général florissant.

Je ne puis résister au désir de citer également l'observation d'un enfant de 3 ans, habitant Grenoble,
que je vis à Lille pendant quelques semaines.
Anémié d'une façon très accentuée, en proie à des
vomissements fréquents, ne digérant rien, refusant
de manger, je l'envoyai à *Pougues*, où mon confrère
JANICOT se chargea de le soigner avec sa grande
habileté. Après une première saison, il était déjà
transformé. Aujourd'hui il se porte parfaitement
et n'a plus aucun trouble digestif.

Mais je ne partage pas l'opinion des auteurs qui
veulent écarter de *Pougues*, *d'une façon absolue*,
tous les hyperchlorhydriques. Certes, en général,
ce n'est pas la station que l'on doit habituellement
choisir pour eux. Mais il est certains de ces malades
particulièrement débilités que l'Eau de *Pougues*
remontera d'une façon parfaite. Seulement ici,
il y aura des précautions à prendre, et il faudra un

doigté spécial de la part du médecin traitant. Il est acquis que les sels de chaux et l'Eau de *Pougues* ont une action sédative sur la muqueuse gastrique. Mais on sait, d'autre part, que de tels malades supportent mal les eaux froides et gazeuses. Il conviendra donc de chauffer l'Eau de *Pougues* au bain-marie pour l'amener à une température de 35 degrès environ ; de ce fait l'acide carbonique sera chassé, et l'eau, n'agissant plus que par ses sels de chaux, sera alors très sédative et très efficace.

Les jeunes filles chlorotiques présentent toujours ou presque toujours des troubles dyspeptiques plus ou moins accentués. L'Eau de *Pougues* sera d'un excellent effet non seulement sur l'état gastrique, mais encore sur l'état général.

Mais il est un point sur lequel nous désirons attirer l'attention. Il ne faut pas perdre de vue que chez ces dyspeptiques nerveux, débilités et affaiblis, qui sont le triomphe de *Pougues*, on ne doit pas se contenter de mener l'enfant au médecin à l'arrivée dans la station, et de suivre ensuite, sans surveillance, la cure prescrite. Le contact ne doit pour ainsi dire pas cesser. Très fréquemment l'action psychique du médecin chez ces chlorotiques, chez ces adolescents dyspeptiques à tendance neurasthénique, doit s'exercer d'une façon constante ; et c'est là un élément important dans la thérapeutique. Il conviendra de bien expliquer aux parents l'action qui doit s'exercer sur le système nerveux, lequel commande les troubles dyspeptiques.

On peut aussi envoyer à *Pougues* certains cas
d'atonie et de paresse intestinale, certains cas de
constipation, quand les malades qui en sont atteints
présentent un état général médiocre, une débilité
résultant de l'auto-intoxication prolongée qu'ils
ont subie.

Certains névropathes, à entérocolite muco-
membraneuse, mais surtout constipés, se trouveront
bien de la cure de *Pougues*.

On sait que la lithiase biliaire est, avant tout, justiciable des eaux bicarbonatées sodiques chaudes.
Mais on peut observer des malades où la lithiase
s'accompagne d'un mauvais état général, avec
perte des forces et anémie extrême. Dans ces circonstances, il vaut mieux s'adresser à *Pougues*,
quitte, l'année suivante, si le malade est plus
vigoureux, à l'envoyer continuer sa cure à
Vichy.

De même, c'est à *Châlel-Guyon* qu'il faut envoyer
ces enfants hépatopathes, alimentés d'une façon
défectueuse, gros mangeurs, nourris avec des
quantités exagérées de viande, et présentant de
l'embarras gastrique chronique avec de la constipation invétérée, et de la gravelle biliaire qu'on
retrouve dans les selles.

Mais certains de ces petits malades sont tellement touchés par l'intoxication gastro-intestinale,
ils sont tellement pâles, anémiés, affaiblis, qu'il
vaut mieux commencer par une cure de *Pougues*,
pour les envoyer ultérieurement soit à *Vichy*, soit
à *Châlel-Guyon*.

En somme, ce qui caractérise la spécialisation thérapeutique de *Pougues*, c'est son effet particulièrement heureux sur les débilités, les anémiés, les nerveux souffrant du tube digestif. Il s'ensuit que toutes les anémies, paludéennes ou autres, les chloroses, les convalescences de maladies graves, les neurasthéniques, dyspeptiques ou non, se trouveront très bien d'une cure dans cette station. Ils tireront le plus grand bénéfice de l'air pur de cette contrée, du calme reposant qu'on y trouve, et de la splendide cure d'air de Bellevue, dont j'ai déjà parlé plus haut, et sur laquelle je désire revenir en citant ce qu'en a dit notre confrère JANICOT qui, avec M. JERAMEC, l'éminent directeur de *Pougues*, en fut le promoteur, ainsi que les paroles prononcées par M. le professeur LANDOUZY, dans une de ses conférences du V. E. M.

« *Pougues-Bellevue*, dit JANICOT, est précieux surtout pour les neurasthéniques dyspeptiques, les chlorotiques et les anémiques, les surmenés et *tous les enfants*. C'est l'aboutissement naturel et charmant de huit « itinéraires de marche » qui m'ont paru pouvoir suffire à toutes les indications. *Terrain plat, pente légère, pente moyenne et pente raide*, sont indiqués par des coloris différents sur une carte de poche dont chaque malade est muni. Les distances y sont mesurées à un mètre près. C'est affaire au médecin traitant de doser les itinéraires suivant les cas — suivant surtout l'état du myocarde, des artères et des reins — et d'éviter ainsi la moindre brusquerie dans l'effort. Quant aux effets physiologiques et thérapeutiques de la marche, méthodiquement entraînée, sur la respiration, la circulation et, par suite, sur l'activité des échanges, ce sont choses trop connues, surtout depuis les beaux travaux de LAGRANGE, pour que j'y arrête ici l'attention. J'en dirai autant des effets de la cure d'air ».

SPLENDID HÔTEL.

« La création de *Pougues-Bellevue*, disait déjà en 1899 le professeur LANDOUZY, nous a d'autant plus intéressé que c'est le seul exemple rencontré au cours de notre voyage d'une cure de terrain méthodiquement installée.

« Apprendre à un malade, apprendre à un débile porteur d'une affection pulmonaire ou cardiaque, apprendre à un obèse, apprendre à un neurasthénique sans force et sans volonté, à marcher, n'est point chose facile, quoi qu'on en puisse croire ; ce n'est point chose banale non plus, quoique la marche, la *canne à la main*, telle que nos pères la pratiquaient, réalise la gymnastique la plus douce et la plus complète. Je crois au rôle thérapeutique de la marche et je lui fais jouer un rôle important dans ma pratique de chaque jour. Or, nulle part en France, jusqu'à ce jour, on ne s'était, comme ici, préoccupé d'organiser la tech-

CURE D'AIR, CURE DE TERRAIN.

nique de la marche de façon que le malade puisse en se promenant, faire de la thérapeutique et de la gymnastique pulmonaire, cardiaque, comme M. JOURDAIN, sans le savoir.

» Grâce à *Pougues-Bellevue*, la cure de terrain (qui a tant fait pour la réputation de *Nauheim*) est ici organisée. Le malade peut, par des pentes douces et progressives, atteindre le sommet du Mont-Givre, à 300 mètres d'altitude, et, quand il

y est parvenu, trouver sur une vaste terrasse une
cure d'air qu'il a conquise.

» Tous vous avez admiré tantôt le panorama
magnifique, indéfini, que le regard embrasse du
haut de ce plateau de Bellevue, si intelligemment
aménagé. Pour ma part, je ne doute pas que cette
cure de bains d'air, de lumière et de soleil, je ne
doute pas que cette cure de marche n'apporte
des adjuvances extrêmement précieuses à la cure
hydrique de Saint-Léger, puisque *Pougues* pourra
désormais se vanter de posséder et de réunir presque
toutes les associations thérapeutiques ».

CURES A DOMICILE

L'eau de *Pougues*, Saint-Léger ou Alice, prise
à domicile est un excellent adjuvant des cures
faites à la Station, et je la prescris toujours également comme cure de préparation chez les malades
que je compte envoyer s'y soigner.

Mais cette eau peut également servir très utilement chez les petits malades qui ne sont pas encore
justiciables, à cause de leur âge, d'une cure dans
le pays même.

Voyons, par exemple, ce qui se passe chez les
nourrissons atteints de diarrhée lientérique, traduction habituelle d'une hygiène alimentaire défectueuse. En dehors du régime alimentaire qui doit
être régularisé, comme base essentielle du traitement, on doit prescrire de l'Eau de Vichy ou de
Vals à prendre avant chaque tétée, par cuillerées
à café, à soupe, ou même plus, suivant l'âge du

malade. Mais l'emploi de ces eaux ne doit pas dépasser une durée de huit à dix jours, et c'est alors que vous devrez les remplacer par l'Eau de *Pougues*, administrée de la même façon, pendant plusieurs semaines, alors même que les selles sont redevenues normales.

Chez les enfants plus âgés, 5 à 6 ans, ou plus, qui présentent aussi, souvent, de la lientérie par suralimentation, l'eau de *Pougues* sera employée comme eau de table et donnée comme seule boisson.

Nous avons dit plus haut avec quelle rigueur et quelle parfaite asepsie l'embouteillage était pratiqué à *Pougues*. On pourra donc en toute sécurité se servir également de l'Eau de *Pougues* chez les enfants atteints d'infection intestinale, avec fièvre, pour leur permettre de traverser la période de diète hydrique. Il n'y aura qu'à laisser la bouteille ouverte un certain temps, pour permettre à une grande partie de l'acide carbonique de s'échapper et l'on aura alors une excellente boisson bicarbonatée calcique parfaitement indiquée chez de tels malades.

Tout ce que nous avons exposé pour le traitement des dyspeptiques hyposthéniques et hypersthéniques s'applique également pour les cures à domicile, soit avant d'envoyer les enfants à la Station, soit au retour.

La médication de *Pougues*, à volonté calmante ou excitante suivant qu'on lui enlève son acide carbonique ou qu'on le lui conserve, est applicable chez ces petits malades. Il n'y aura que le mode d'administration qui différera.

Chez les hypochlorhydriques, on prescrira l'eau prise avant les repas, par petites quantités fractionnées, de demi-heure en demi-heure. On livre, dans le commerce, des quarts de bouteille très commodes pour cette cure. A un enfant déjà grandelet, on conseillera par exemple 200 grammes d'eau de *Pougues* à prendre en trois doses une heure et demie, une heure et une demi-heure avant chaque principal repas.

Si au contraire nous avons affaire à un hyperchlorhydrique, nous la prescrirons, à l'aide de grandes bouteilles, laissées auparavant en vidange, pour faire partir l'excès de gaz, et nous l'ordonnerons pendant le repas, ou vers la fin. On en donnera 500 grammes par repas, comme boisson. On obtiendra ainsi, grâce aux sels de chaux, une neutralisation de l'excès de l'acide chlorhydrique et une régularisation du chimisme gastrique. On supprimera, grâce à cette thérapeutique, les flatulences, les borborygmes, les régurgitations acides et toutes les fermentations anormales.

ENGHIEN-LES-BAINS (Seine-et-Oise)

« Il est des familles auxquelles les fonctions sédentaires de leur chef, une modeste position de fortune ne permettent point l'éloignement de Paris au delà d'un rayon assez rapproché. En pareil

ÉTABLISSEMENT THERMAL.

cas, vous avez à vos portes *Enghien*, dont les eaux très sulfureuses, froides, accidentelles, quoique moins actives que les eaux naturelles chaudes, ne laissent pas que de donner du ton aux enfants lymphatiques et scrofuleux, atteints d'affections chroniques des voies aériennes ». (1)

Ainsi s'exprimait en 1887, le grand pédiâtre Jules SIMON, celui qui fut le Maître de la thérapeutique infantile, et dont les publications sont encore, à l'heure actuelle, un modèle de leçons de choses où l'on ne saurait trop puiser les plus précieux enseignements.

Il aurait pu ajouter que cette proximité d'*Enghien* rend les plus grands services non seulement à toute la population de Paris et des environs, mais encore à toutes nos régions du Nord, où de modestes situations, côtoyant les plus grandes fortunes, ne peuvent toujours se permettre de coûteux déplacements dans les belles stations des Pyrénées ou du Sud-Est.

Il y a déjà bien longtemps que les propriétés thérapeutiques des Eaux d'*Enghien* ont été reconnues très efficaces, particulièrement pour certaines affections respiratoires. En 1766, le P. COTTE, curé de Montmorency, adressa à l'Académie des Sciences un mémoire sur ces Eaux. Malgré la consécration officielle que leur donnèrent les opinions successives de savants académiciens, tels que NOLLET, MACQUER, on persista à n'attacher de valeur qu'aux sources sulfureuses des Pyrénées, et *Enghien* resta ignoré. Ce ne fut qu'après la chute

---

(1) Jules SIMON. Conférences thérapeutiques et cliniques sur les maladies des enfants. (Paris, 1887).

du premier Empire que, sous l'influence de PELIGOT, d'ALIBERT, de PORTAL, la vogue de la nouvelle station commença. Les plus célèbres personnages vinrent s'y soigner.

Plus tard, parmi les illustrations qui prisaient particulièrement la valeur de ces Eaux, nous citerons ORFILA, REYER, tous deux anciens doyens de la Faculté de Paris. Rapidement alors, surtout dans la moitié du XIXᵉ siècle, la prospérité d'*Enghien* ne fit que s'accroître, et il convient de citer l'illustre laryngologiste FAUVEL comme ayant le plus contribué à sa réputation médicale dans le traitement des affections des premières voies respiratoires.

Les Eaux d'*Enghien* appartiennent à la classe des eaux froides sulfurées et sulfhydriquées. Au griffon, elles sont claires, limpides, un peu gazeuses, d'odeur et de saveur fortement hépatiques avec un arrière goût fade. Ces eaux sont fournies par douze sources qui émergent d'un banc calcaire marneux.

La caractéristique des Eaux d'*Enghien* c'est leur abondance en soufre, reconnue depuis longtemps, puisque, dans son rapport à l'Académie de Médecine, OSSIAN HENRY faisait remarquer que la proportion de soufre qu'elles contiennent dépasse de beaucoup la quantité contenue dans les Eaux sulfureuses des Pyrénées.

En effet, voici un tableau comparatif qui permet de se rendre compte de la richesse des Eaux d'*Enghien* :

Enghien	Soufre par litre
Source du Lac	0 gr. 0770
Source du Nord	0 gr. 0680
Source de la Pêcherie	0 gr. 0517
Source de Puisaye	0 gr. 0480
Source du Roi	0 gr. 0396

Stations Pyrénéennes

Luchon (Grotte inférieure) .	0 gr. 0324
Barèges (Grandes douches) .	0 gr. 0165
Cauterets (Source Bruzaud).	0 gr. 0061
Saint-Sauveur	0 gr. 0081
Eaux-Bonnes (La Buvette) .	0 gr. 0086

L'Eau d'*Enghien* s'emploie en boissons, inhalations, pulvérisations; en bains, douches, lotions irrigations.

L'établissement thermal, que j'ai visité avec mes élèves en 1912, peut être considéré comme un modèle du genre; son outillage est parfait et complètement adapté à tous les procédés thérapeutiques modernes. Et cependant, nous savons que la direction, toujours désireuse de mieux faire pour les malades qu'on lui confie, veut encore transformer son établissement et y établir les derniers perfectionnements du confort et de l'hygiène. C'est dire que les malades, justiciables d'un traitement sulfureux, trouvent à *Enghien* tout ce qu'ils peuvent désirer comme moyens de cure mis à leur disposition, et dans d'excellentes conditions hygiéniques.

Les services sont tous groupés autour d'un grand hall où se répandent les vapeurs sulfureuses, de telle sorte que les malades qui vont s'y reposer y lire, y écrire après leur traitement, continuent à y respirer une atmosphère imprégnée de soufre.

HALL DE L'ÉTABLISSEMENT THERMAL.

L'établissement comprend :

1º Quatre-vingts salles de bains. — Les baignoires sont munies chacune de trois robinets donnant l'eau ordinaire froide, l'eau ordinaire chaude et l'eau sulfureuse, de façon à varier à volonté la température et la minéralisation. Les cabines de bains du rez-de-chaussée ont le grand avantage d'être pourvues d'un appareil destiné

aux douches locales, le malade étant plongé dans
le bain; cette installation lui permet l'usage de ce
mode de traitement tout en restant pendant sa
durée sous l'action pénétrante de l'eau sulfureuse.

De plus, toutes les cabines du rez-de-chaussée

SALLE D'INHALATIONS.

communiquent directement avec des salles de
douches intercalées entre chacune d'elles.

On donne dans ces cabines des *bains sulfureux
mitigés* ou des *bains d'eau sulfureuse pure* chauffée
à la vapeur (ces derniers ne sont donnés que sur
l'avis du médecin à cause de leur action très énergique).

2° *Six salles de douches* où l'on emploie à volonté
l'eau sulfureuse ou l'eau ordinaire; à ces salles sont
annexées des cabines de massage avec salon de
repos.

3º *Quatre salles d'inhalations et de pulvérisations* ;
avec leurs parois entièrement revêtues de faïences,
et leurs tables en marbre massif, sur lesquelles
circulent sans interruption des courants d'eau stérilisée, ces salles constituent un type d'installation
que l'on ne retrouve dans aucune autre station.

Elles sont vastes et peuvent être rapidement
aérées.

L'eau sulfureuse y est amenée, sous une pression
moyenne de 15 à 18 atmosphères ; elle s'y échappe,
par des tuyaux filiformes, de nombreux appareils,
et s'y trouve très finement pulvérisée.

Les salles sont ainsi remplies d'une poussière
d'eau sulfureuse, au milieu de laquelle les bai-
gneurs se promènent recouverts de manteaux
imperméables.

Ils peuvent aussi, suivant les prescriptions médi-
cales données, s'asseoir devant un des appareils
pulvérisateurs, et recevoir au fond de la gorge une
véritable douche.

4º *Deux salles de douches nasales* : l'eau sulfureuse y arrive sous une pression constante et à la
température fixée par le médecin.

5º *Des piscines particulières à eau sulfureuse
courante* ; deux de ces piscines sont uniques en
France ; ce sont celles où l'on fait le massage sous
la douche, ce qui permet de donner en même temps
bain, douche et massage.

6º *Des bains de vapeurs sulfureuses en caisse.*

7º *Des pédiluves à eau sulfureuse* courante, ainsi
que des bains de bras et de jambes.

8º Enfin, nous devons une mention spéciale aux *nouvelles installations électriques* qui permettent de donner des bains hydro-électriques, hydro-sulfureux électriques et des bains de lumière.

On peut juger par cette description rapide que l'établissement thermal d'*Enghien* est outillé de merveilleuse façon et que les malades y trouvent

GRANDE PISCINE.

réalisées toutes les conditions utiles pour une bonne thérapeutique.

Nous ne voulons pas insister sur l'action physiologique des Eaux d'*Enghien*. Elle ne diffère pas de celle des Eaux sulfureuses en général. Ce qu'il faut donc attendre d'elles c'est, tout d'abord, une action tonique et stimulante sur tout l'organisme. En même temps se manifestent des modifications du côté de la peau, des muqueuses, et des divers organes, amenant des effets résolutifs ou révulsifs ou même une inflammation substitutive très heureuse, suivant les cas. D'autre part, on note une action sédative sur le système respiratoire et sur

PISCINE DES FEMMES.

la circulation, due à l'hydrogène sulfuré qui se dégage.

INDICATIONS THÉRAPEUTIQUES

Maladies chroniques des voies respiratoires. — Les enfants sont très fréquemment atteints d'*inflammations chroniques du rhino-pharynx* avec ou sans *végétations adénoïdes*. Certes, les tempéraments strumeux, lymphatiques, les rachitiques sont plus communément porteurs de ces lésions chroniques de la muqueuse, ainsi que d'hypertrophies amygdaliennes; mais il n'est pas rare d'observer les mêmes états à la suite de la rougeole, de la coqueluche, de la scarlatine.

Or, que conseille-t-on chez ces enfants? A juste titre on les envoie au spécialiste pour qu'il leur abrase les amygdales, pour qu'il leur fasse un curettage du cavum. C'est là une excellente pratique qui doit précéder toute autre thérapeutique. Mais c'est un traitement insuffisant. Combien de fois, en effet, ne nous ramène-t-on pas ces petits malades, au bout de quelques mois; ils sont restés avec une muqueuse infectée; ils continuent à tousser, le coryza chronique persiste, le cavum suppure constamment, la respiration nasale reste gênée.

Il est profondément regrettable de constater que dans un grand nombre de cas on renvoie ces enfants vers le laryngologiste, et que celui-ci se laisse aller à faire un nouveau curettage, à cautériser des granulations, à abraser des cornets plus ou moins hypertrophiés. On inonde l'enfant d'huile mentholée ou autre, et tout cela sans aucun résultat bien appréciable. Ou plutôt je me trompe, il y en a un résultat qui se produit, c'est celui de voir cette muqueuse s'enflammer de plus en plus, le tissu lymphatique s'altérer plus profondément, et des lésions incurables s'installer définitivement.

Or il est une thérapeutique efficace dans ces cas, c'est l'emploi des eaux sulfureuses. Le soufre pénètre dans la muqueuse et y réalise une parfaite antisepsie, tout en modifiant favorablement le terrain du petit malade.

L'Eau d'*Enghien* est très efficace dans tous ces cas. J'ai envoyé à Enghien un certain nombre de ces enfants et toujours, aussi bien que dans toutes

les autres stations sulfureuses d'ailleurs, je les
ai vus en retirer un bénéfice considérable. Je
me rappelle, entre autres, un enfant de 8 ans,
fils d'un petit fonctionnaire du département du
Nord, scrofuleux, débile, qui, à la suite d'une rougeole violente, présenta un *coryza purulent* qui, au
lieu de guérir avec la rougeole, s'éternisa, devint
chronique. Quand on me l'amena, plutôt pour son
état général que pour son nez qui avait été vu par
plusieurs spécialistes, il avait les fosses nasales et
le cavum plein de pus. Je fis comprendre à la
famille que ce pus était la résultante d'une muqueuse très malade, tuméfié, infectée, infiltrée,
qui n'avait aucune tendance à guérir, et qui ne
guérirait par aucune thérapeutique locale, ni
aucune intervention chirurgicale.

J'aurais volontiers conseillé à cet enfant une
cure à *Biarritz-Briscous*, qui auraient profondément modifié l'état général de ce strumeux. Mais la
dépense était trop élevée pour la famille de ressources modestes. Comme, en l'espèce les eaux
sulfureuses me paraissaient aussi très recomman-
dables, j'envoyai l'enfant à *Enghien*. Au bout
d'une saison, il était transformé, presque guéri.
L'année suivante il fit un second séjour et actuellement il n'a plus trace de son ancienne affection.

Voilà donc un cas justiciable du traitement
sulfureux.

Il en est de même de ces *rhinites arthritiques*
suppurées qui, lorsque l'enfant aura un tempéra-

ment torpide, non excitable, seront justiciables d'une cure sulfureuse.

Les Eaux sulfureuses sont aussi très efficaces dans la *rhinite atrophique* (ozène). Certes, on ne peut promettre la guérison de cette horrible affection, mais pour les cas rebelles on les améliore très notablement. *Challes* est surtout indiqué; le traitement de l'ozène est un de ses triomphes. Mais comment envoyer à *Challes* des familles qui ne peuvent se déplacer aussi loin. *Enghien* est là à notre porte, très efficace également, d'autant que la grande sulfuration de ces eaux les met ici sur le même pied que *Challes*.

Tout à l'heure, j'ai parlé des inflammations chroniques et de la suppuration du cavum. Ces inflammations aboutissent fréquemment chez l'enfant à l'*otite suppurée*, qui est un désastre, car elle fait perdre l'audition ou la diminue dans de très notables proportions. Il convient donc d'instituer rapidement une thérapeutique s'adressant à l'otite et à sa cause, seul le traitement sulfureux est ici efficace, et comme les eaux sulfureuses fortes sont préférables à toutes, *Enghien* nous paraît tout indiqué.

Je prendrai comme exemple une fillette de 7 ans qui présentait une otite chronique suppurée double depuis deux ans, à la suite d'une grippe. Je n'ai pas besoin d'insister ici sur tous les traitements locaux qui avaient été appliqués inutilement. Je l'envoyai à *Enghien* pendant l'été de 1911. Elle y resta un mois, en revint avec sa suppuration complètement tarie. Depuis, jamais les oreilles n'ont coulé, et l'audition a été en grande partie recouvrée.

La *pharyngite glanduleuse*, si commune chez l'enfant lymphatique ou scrofuleux, la *pharyngite granuleuse*, particulière à l'adulte, mais s'observant souvent aussi chez l'adolescent, sont justiciables du traitement sulfureux. Évidemment chez l'adulte et chez le grand enfant on devra avoir recours aux cautérisations, mais outre que chez eux la cure sulfureuse sera un complément très utile, chez l'enfant ces affections sont plutôt justiciables du traitement par les Eaux. Sous l'action des pulvérisations sulfureuses, on voit le tissu granuleux s'atrophier.

Je ne suis pas partisan d'envoyer aux eaux sulfureuses les *laryngites tuberculeuses*. Même à la phase congestive simple, à la phase catarrhale, je redoute l'action si énergique, et congestive de ces Eaux; et je dois dire que j'ai observé un désastre chez un jeune homme de 17 ans, envoyé à *Enghien*, avec une laryngite bacillaire et qui en revint très aggravé.

L'*Adénopathie trachéo-bronchique* est-elle justiciable d'une cure sulfureuse ? Il faut ici bien distinguer. S'il n'y a aucune participation apparente du poumon, si nous avons affaire à un scrofuleux, d'hérédité chargée, je dois dire que je place, avant toutes choses, la cure marine, ou la cure chlorurée sodique forte, et que, par conséquent, *Biarritz-Briscous* a toutes mes préférences puisqu'elle réunit les deux éléments. Que si l'enfant est trop nerveux, trop excitable, l'Eau de *La Bourboule* me paraît tout à fait indiquée ; ou, s'il est facilement congestif, nous l'enverrons au Mont-Dore.

Par conséquent, j'écarte pour ces. enfants les Eaux sulfureuses.

Mais si à côté de cette Adénopathie il y a. du catarrhe bronchique et une susceptibilité spéciale des voies respiratoires, j'estime qu'alors les Eaux sulfureuses devront être préférées aux eaux chlorurées et que particulièrement la cure marine pourrait être nuisible. Et dans ce cas, nous enverrons nos malades, par exemple, à *Enghien.*

Je n'ai pas besoin d'ajouter que si l'Adénopathie s'accompagne de lésions pulmonaires, les eaux sulfureuses me paraissent bien délicates à manier et dans ces cas, je préfère m'abstenir.

Chez les enfants lymphatiques, scrofuleux ou herpétiques, les *bronchites chroniques* sont fréquentes et il y a déjà plus de quinze ans que dans mes leçons cliniques, et dans la thèse de mon élève VANHŒGER, j'ai démontré la fréquence de la *dilatation des bronches* dans le jeune âge, alors que les traités classiques la considéraient comme exceptionnelle. J'ai été très heureux, *depuis*, de constater que M. le professeur HUTINEL considère également que la dilatation chez l'enfant est chose très commune.

Je ne connais pas encore le moyen de guérir par les procédés thérapeutiques ordinaires les bronchites chroniques et la dilatation des bronches.

Certes on arrive à tarir passagèrement les sécrétions, à calmer la toux, mais à la moindre infection
banale, au plus petit refroidissement, de nouvelles
poussées aiguës se manifestent et affaiblissent le
malade, sans compter que l'ensemencement tuberculeux est toujours à redouter. Ces bronchites
chroniques, ces dilatations si communes se perpé-
tuent et prennent, dans les poussées aiguës, des
allures de plus en plus intenses et ont de la tendance à constamment s'étendre. Le développement
physique de l'enfant en est entravé, et les bronchites aiguës successives obligent à suspendre
les études.

On conçoit donc qu'il faille une médication plus
active, agissant profondément en modifiant non
seulement l'état général, mais encore la muqueuse
malade.

Rien ne vaut les eaux sulfureuses pour ce traitement et avec elles on obtient les succès les plus
remarquables.

Qu'on me permette de citer un exemple typique,
je dirai ensuite quelle est la pratique que je suis
ordinairement dans les cas similaires :

Le 5 juillet 1911, on me conduisait pour la
première fois une fillette, née le 28 juin 1904,
ayant par conséquent 7 ans. La famille me raconte
qu'elle a eu dans l'hiver de 1910 une grippe grave,
avec bronchite très tenace, très intense, probablement de la broncho-pneumonie.

Depuis, elle continue à tousser et a beaucoup

maigri. Elle crache du muco-pus en grande abondance.

Plusieurs confrères consultés auparavant ont pensé à de la tuberculose pulmonaire.

L'examen de l'enfant me fait constater dans le tiers inférieur du poumon droit une respiration très soufflante, avec des râles humides. L'examen des crachats, l'état général, une radioscopie me permirent d'affirmer qu'il s'agissait de bronchite chronique avec dilatation des bronches sans tuberculose.

Je prescrivis des Eaux d'*Enghien* en boisson et en pulvérisation, puis l'hiver de 1911 fut passé à Cannes.

Au retour de Cannes en Avril 1912, l'enfant avait engraissé de 3 k. 500, mais toussait et crachait encore.

En juillet 1912, je l'ai envoyé à *Enghien*. Elle en est revenue avec une nouvelle augmentation de 1 kilogr. Plus de râles. On note encore le souffle de la dilatation. *Tout l'hiver de 1912-1913 a été passé à Lille, sans aucun rhume.* Je vais envoyer cet enfant à nouveau à *Enghien* afin de terminer la guérison en si bonne voie.

Une autre fillette, Colette P..., née le 10 décembre 1905, présente, à la suite d'une coqueluche intense, suivie de broncho-pneumonie, une bronchite chronique avec dilatation des bronches dans toute la moitié inférieure du poumon droit. Tous les hivers, elle contracte bronchite sur bronchite, tousse et crache abondamment. Excellent état général,

Je l'envoie à *Enghien* en août 1912. Elle en revient, on pourrait dire guérie malgré une respiration encore soufflante. Dans tous les cas, elle a passé cette année 1913, sans la moindre poussée de bronchite. Bien plus, elle a fait en avril 1913 une rougeole, avec catarrhe généralisé et une localisation plus accentuée à l'endroit de sa dilatation. Il ne lui reste rien de cette nouvelle infection rubéolique.

Je considère que les Eaux sulfureuses sont un remède héroïque et souverain dans toutes ces bronchites chroniques avec ou sans dilatation.

Entre les périodes de cure à la Station, on prescrit des Eaux d'*Enghien*, chauffées au bain-marie, mélangées à du lait, prises à jeun, le matin à des doses variables suivant l'âge. Mais, en été, on ne doit pas hésiter à envoyer les enfants faire une cure thermale.

Jules SIMON, traitant cette question des bronchites chroniques aux Eaux sulfureuses, disait déjà (*Cliniques*, T. II, p. 413) : « Les Eaux sulfureuses produisent une légère excitation à laquelle s'ajoute un effet tonique et reconstituant. Elles augmentent la circulation capillaire des régions enflammées; l'hypersécrétion interne et externe des vaisseaux y prend une plus grande fluidité; de là des modifications de tissus, d'éléments et de fonctions.... Les Eaux d'*Enghien*, dont les eaux accidentelles sont froides, possèdent des gaz sulfhydriques, de l'acide carbonique et de l'azote; de là le succès de leur emploi en inhalation....

Bien supportées, elles produisent une excitation passagère des tissus enflammés, puis, au bout d'un certain temps, une atténuation dans le catarrhe. Elles n'offrent aucun danger et ne provoquent pas d'hémoptysie. Pour nous, médecins de la capitale, c'est une ressource placée à notre portée dont nous usons largement dans les affections herpétiques et les maladies des voies respiratoires chez les malades auxquels un plus grand déplacement est impossible. »

Affections cutanées. — Les Dermatoses justiciables des Eaux d'*Enghien* sont nombreuses. L'Eau, par sa réaction vive sur la peau, est très utile dans les cas d'affections torpides chez les enfants scrofuleux, les lymphatiques. Aussi pourrons-nous y envoyer les *eczémas chroniques*, surtout à forme sèche, prurigineuse, si fréquents chez les arthritiques.

Nous retrouvons les mêmes indications dans le psoriasis, les prurigos, l'urticaire, etc.

Contre-indications

Il ne faut pas envoyer à *Enghien* les enfants fébriles ou trop récemment guéris d'une affection aiguë. Les congestifs, les nerveux en seront également éloignés. De même les cas de tuberculose pulmonaire me paraissent une contre-indication, à moins d'avoir affaire à des lésions très localisées, très torpides et sans fièvre.

Les affections cardiaques constituent également une contre-indication.

TRAITEMENTS A DOMICILE

Comme je l'ai déjà dit pour d'autres Eaux, je considère que le traitement à domicile, plus encore pour les Eaux sulfureuses que pour toutes autres, a une efficacité toute spéciale. Certes, on ne peut admettre que l'on obtiendra les mêmes bons

BUVETTE.

effets qu'avec la cure à la Station où les eaux sont plus actives et où, d'autre part, les procédés thérapeutiques et les installations nécessaires aident beaucoup à la guérison. Mais, malgré cela, les Eaux sulfureuses employées à domicile sont un médicament de toute première valeur et j'en use en thérapeutique infantile d'une façon très large, qu'il s'agisse des Eaux de *Challes*, d'*Enghien*, ou des *Eaux-Bonnes* ou d'autres encore.

A *Enghien*, l'embouteillage est fait avec le plus grand soin, et on trouve dans le commerce des quarts de bouteille très faciles à manier.

Je prescris donc les Eaux d'*Enghien* dans tous les cas que j'ai étudiés plus haut et que j'ai considérés comme justiciables d'une cure à la Station.

On peut prescrire l'Eau en boisson dès que l'enfant atteint l'âge de 5 à 6 ans; on la mélange à du lait bien chaud et on en donne, par jour, 100 gr. en deux fois, pris le matin et le soir, loin des repas.

Chez les enfants plus jeunes, refusant de boire, on prescrira les pulvérisations chaudes et les douches locales. Il conviendra dans ces cas de faire chauffer l'eau au bain-marie. On se servira d'un appareil pulvérisateur ordinaire, à vapeur, ou de l'appareil spécial que l'on trouve à *Enghien* et qui s'adapte directement sur la bouteille d'eau.

Ces pulvérisations seront pratiquées matin et soir pendant quelques minutes chaque fois.

Les traitements à domicile seront faits pendant un mois consécutif, puis on laissera l'enfant se reposer le mois suivant et on reprendra.

J'ai l'habitude de prescrire ces traitements à domicile comme cures préparatoires précédant l'envoi à la Station et comme complément de cure dans les mois qui suivent le retour.

TABLE DES MATIÈRES

Imp. PLATEAU & Cie

.2